중·고급 강독을 겸한

# 中韓무역서신

張西, 장범성 편저

한림대학교 출판부

# 들어가는 말

일상의 비즈니스 활동을 하다 보면 반드시 관련 비즈니스 문서가 필요하게 된다. 이 둘의 관계는 필수불가분의 관계라 할 수 있다. 그리고 비즈니스 활동은 또한 시장 경제와도 밀접한 관계를 갖고 있다. 따라서 비즈니스 문서는 시시각각으로 비즈니스 활동의 특징을 나타내고 있으며, 시장과 연계되어 비즈니스 거래를 촉진시키고 시장 유통의 목적에 도달할 수 있도록 하는 데에 그 목적이 있다.

이 책에서는 무역중국어 또는 무역한국어의 기본 형식, 마케팅, 가격 문의, 샘플, 대금재촉, 보험, 배상요구, 무역 계약서 등 현실의 경제활동과 긴밀하게 연결되어 있고, 사용빈도수가 매우 높은 핵심적인 구형과 어휘를 사용하는 주요 문서형식을 추려서 정리해 보았다. 따라서 본서가 언급하고 내용은 매우 풍부하고 전면적이며 실용적이라 할 수 있다.

본 책은 총 13주 강의로 구성이 되어있으며, 매주 강의마다 기본적으로 다음과 같은 내용을 포함하고 있다.

1) 내용소개: 매 주 강의의 주요내용을 소개한다.

2) 학습요점: 매주 본강의 학습을 시작하기 전 주요 포인트 및 본론에서 등장하는 용법을 소개함으로써 독자들에게 간단한 사전 지식을 갖추도록 한다.

3) 학습내용: 매주 강의의 본론이라 할 수 있다. 중국어 또는 한국어를 배우는 학습자들이 무역에 관한 실제 지식을 습득함과 동시에 중한 및 한중 강독의 역할도 수행할 수 있도록 구성하였다.

이외에도 오늘날 무역중국어 또는 무역한국어 작성 중 보편적으로 사용되고 있는 문서들의 형식과 내용을 어떻게 구성할 것인가에 대해 구체적으로 소개하고 있다.

4) 어휘: 강의내용에 등장하는 상용어휘에 대해 설명을 하고 있다.

5) 주석: 매주 강의의 핵심적인 구절과 어법에 대해 해석 및 예문을 들어 보충설명하고 있다.

6) 서신 예문: 매주 강의마다 실제 사용에 직접 적용될 수 있도록 실용적인 예문을 들고 있다. 학습자들은 이 문장들을 자신들의 상황에 맞추어 내용변경을 통해 실제 무역활동 영역에 사용할 수 있다.

7) 복습: 학습한 주요내용을 다시 한번 열거해서 배운 내용을 상기시키고, 아울러 알맞은 단어넣기 등의 테스트를 통해 학습한 내용을 확실히 기억할 수 있도록 하게 하고 있다.

张西, 장범성

2013年 12月

# 목차

# 贸易汉语写作的基本原理

## 第 一 周

# 第一周 贸易汉语写作的基本原理

무역중국어 작성의 기본 원리

**【내용소개】**

이번 주에는 무역중국어 서신 작성시 지켜야 할 기본원리, 기본형식과 작성방법에 대해 소개합니다.

【第一讲】 무역중국어 서신 작성의 기본원리

【第二讲】 무역중국어 서신의 기본 형식과 작성시 지켜야 할 사항

## 【第一讲】 무역중국어 서신 작성의 기본원리

### 【第一节】 학습요점

**[A] 다음 문장들을 해석해 봅시다.**

(1) 贸易书信是贸易业务的基本组成部分之一，它在贸易交易中起着极为重要的作用。

무역서신은 무역업무의 기본적인 업무 중 하나이며, 무역거래 과정에서 아주 중요한 역할을 한다.

(2) 其一是指：信中所提供的情报、事实资料；其二是指：发这封信的态度。

첫째는 서신에서 제공하는 정보, 실제자료, 두 번째는 서신을 발송하는 입장을 가리킨다.

(3) 注重把握每一细节的精确度，力求无差错。

사소한 부분 하나하나 정확하게 하여 실수가 없도록 한다.

(4) 只有符合以上贸易写作的要求，我们才能写出一封正确的、有效的贸易书信。

이상과 같은 무역서신 작성법에 부합해야만 정확하고 효과적인 무역서신을 쓸 수 있다.

(5) 写信人通过信件的内容来影响收信人，并使之采取某一行动或态度，以达到预期的目的。

서신을 쓰는 사람은 서신의 내용을 통해 수신인에게 영향을 끼치며, 아울러 그로 하여금 모종의 행동이나 입장을 취하게끔 해서 기대했던 목적에 도달하는 것이다.

(6) 努力创造良好的第一印象。

좋은 첫 인상을 줄 수 있도록 노력한다.

### [B] 다음 단어들의 용법을 파악해 봅시다.

(1) “极为” : 극히, 매우

(2) “简而言之” : 간단히 말해서

(3) “力求” : 애쓰다

(4) “其一。。。其二。。。” : 첫째 ___ , 둘째 ___

(5) “要。。。就要” : ____하려면 ____해야 한다

(6) “是。。。更是。。。” ___이며, 더욱이 ___이기도 하다

## 【第二节】 학습내용

贸易书信是贸易业务的基本组成部分之一，它在贸易交易中起着极为重要的作用。我们要发展对外贸易，就需要以书信的形式与世界各地的客户、厂商、推销员、代理、供应商、银行家、船主、保险公司等联络。而从公司发出的每一封贸易书信都代表着公司的贸易要求、业务水平、精神面貌和管理现状。他们是公司的使者，更是无言的推销员。因此我们应该充分地重视每一封贸易书信的写作。

무역서신은 무역업무의 기본적인 업무 중 하나이며, 무역거래 과정에서 아주 중요한 역할을 한다. 대외무역을 확대시키기 위해서는 서신의 형식을 통해 세계 각지의 고객, 제조업자, 영업사원, 대리점, 공급업자, 은행, 선주, 보험회사 등과 연락을 해야 한다. 그리고 회사에서 발송하는 모든 무역서신은 그 회사가 무역을 하고자 하는 이유, 업무수준이나 이념과 관리 상태를 대변한다. 무역서신은 바로 그 회사의 사절이며 더 나아가 무언의 영업사원이기도 한 것이다. 때문에 우리는 무역서신 작성시 한통한통에 매우 신중을 기해야 한다.

贸易书信是一种书面信息。写信人通过信件的内容来影响收信人，并使之采取某一行动或态度，以达到预期的目的。简而言之：即写信人力求让收信人同意信中的信息。

무역서신은 서면을 통해 정보를 제공하게 된다. 서신을 쓰는 사람은 서신의 내용을 통해 수신인에게 영향을 끼치며, 아울러 그로 하여금 모종의 행동이나 입장을 취하게끔 해서 기대했던 목적에 도달하는 것이다. 간단히 말해서, 서신을 쓰는 사람은 상대방으로 하여금 서신의 정보에 동의하게끔 힘쓰는 것이다.

一封贸易书信通常包含两种信息：其一是指：信中所提供的情报、事实资料；其二是指：发这封信的态度。这两种信息的结合就是贸易书信的总信息。那么，怎样才能使收信人同意你所传达的这些信息呢？为此，我们应该牢记以下的要求：

무역서신은 통상 다음과 같은 두 가지 내용을 포함한다: 첫째, 편지에서 제공하는 정보, 실제자료; 둘째, 편지를 발송하는 사람의 입장이다. 이 두 가지 정보의 결합이 바로 그 서신의 총체적인 내용이다. 그렇다면 어떻게 하면 상대방으로 하여금 당신이 전달하는 정보에 동의하게끔 할 수 있는가? 이를 위해 우리는 다음과 같은 사항을 잘 기억해야 한다.

(1) 努力创造良好的第一印象。

(2) 能了解并迎合收信人的观点，回复迅速及时。

(3) 注重把握每一细节的精确度，力求无差错。

(4) 态度应礼貌、真诚、友好、体谅。

(5) 结构清晰完整，内容具体正确、简明扼要。

(6) 语句通顺连贯，力求做到口语化，且段落分明，书信应富于个性。

(1) 좋은 첫 인상을 줄 수 있도록 노력해야 한다.

(2) 상대방의 관점을 이해하고 부합할 수 있도록 하며, 제때에 맞추어서 신속히 회답한다.

(3) 사소한 부분 하나하나 정확하게 하여 실수가 없도록 한다.

(4) 예의 바르고 진솔되고 우호적이며 상대방을 배려하는 태도를 취해야 한다.

(5) 편지의 구조는 명확하고 짜임새 있어야 하며, 내용은 구체적이고 정확하게, 간결하면서도 핵심적인 내용을 밝힐 수 있어야 한다.

(6) 문장은 연결이 자연스러워야 하며 최대한 구두체 형식으로 써야 한다. 아울러 단락이 분명하고 개성이 넘치는 서신이어야 한다.

只有符合以上贸易写作的要求，我们才能写出一封正确、有效的贸易书信，才能辅佐外贸交易取得最后的成功。

이상과 같은 무역서신 작성법에 부합해야만 정확하고 효과적인 무역서신을 쓸 수 있게 되어, 최종적으로 무역거래가 성사될 수 있도록 하는 것이다.

## 生词

客户 kèhù: 고객

业务 yèwù: 업무

代理 dàilǐ: 대리, 대리점, 대리상

供应商 gōngyìngshāng: 공급업자

使者 shǐzhě: 사절

预期 yùqī: 예상하다

总信息 zǒngxìnxī: 종합정보

交易 jiāoyì: 교역, 거래

迎合 yínghé: 영합하다

通常 tōngcháng: 통상

精确度 jīngquèdù: 정확도

体谅 tǐliàng: 상대방의 마음을 헤아리다, 이해하다

辅佐 fǔzuǒ: 도와주다, 보조하다

精神面貌 jīngshenmiànmào: 정신상태

管理现状 guǎnlǐxiànzhuàng: 관리상황

书面信息 shūmiànxìnxī: 서면을 통한 정보

简明扼要 jiǎnmíng èyào: 간단명료하면서도 핵심을 찌르다

通顺连贯 tōngshùnliánguàn: 매끄럽게 이어지다

段落分明 duànluòfēnmíng: 단락이 분명하다

富于个性 fùyúgèxìng: 개성이 풍부하다

## 注释

(1) 极为：극히, 매우

a. 现在的情况对我们是极为有利的。

현재의 상황은 우리에게 지극히 유리하다.

b. 这两种物体的结构是极为相似的。

이 두 물체의 구조는 매우 비슷하다.

(2) 简而言之：간단히 말해서

a. 简而言之，现在的一切都在朝好的方向发展着。

간단히 말해서, 현재의 모든 것이 좋은 방향으로 나아가고 있다.

b. 简而言之，我们一定要想尽一切办法把这件事情办好。

간단히 말해서, 우리는 모든 방법을 동원해서 이 일을 잘 처리해야 한다.

(3) 力求：애쓰다

a. 我们力求在第一季度内完成这项任务。

우리는 1분기 안에 이 임무를 완성하도록 애쓰고 있다. .

b. 完美主义者力求把每件事情都做得尽善尽美。

완벽주의자들은 모든 사안을 완전무결하게 하려고 애쓴다.

(4) 其一。。。其二：첫째___, 둘째___

a. 成功需要两个必要的条件：其一是自身的努力，其二是抓住一切可以利用的条件。

성공하려면 다음과 같은 필요조건 두 개가 있어야 한다. 첫째, 자신의 노력이요, 둘째는 이용할 수 있는 모든 조건을 파악하는 것이다.

b. 取消这次恰谈会的原因有二：其一是我们准备不足；其二是时间安排的不妥。

이 번 상담회를 취소하는 이유로는 두 가지가 있다: 첫째, 우리의 준비가 부족하고, 둘째, 시간이 잘못 짜여졌기 때문이다.

(5) 要。。。就要。。。：___하려면, ___해야 한다

a. 要想做到百战百胜，就要知己知彼。

백전백승하려면, 지피지기여야 한다.

b. 要想取得好成绩，就要付出努力。

좋은 성적을 거두려면 노력을 해야 한다.

(6) 是。。。更是。。。 ___이며, 더욱이 ___이기도 하다

a. 我和小红是同班同学，更是一对形影不离的好朋友。

나와 홍이는 같은 반 친구이며, 더욱이 떨어질 수 없는 아주 가까운 친구이기도 하다.
(小红의 小는 성 앞에 붙여서 동년배나 아래 사람에 대한 호칭을 나타냄)

b. 他是我们这里的技术骨干，更是我们全公司职员的好榜样。

그는 이곳의 핵심적인 기술자이며, 더욱이 우리 회사 전체 직원의 모범이기도 하다.

복습

【第三节】

## [A] 다음 문장들을 다시 한 번 복습해 봅시다.

(1) 贸易书信是贸易业务的基本组成部分之一，它在贸易交易中起着极为重要的作用。

(2) 其一是指：信中所提供的情报、事实资料；其二是指：发这封信的态度。

(3) 注重把握每一细节的精确度，力求无差错。

(4) 只有符合以上贸易写作的要求，我们才能写出一封正确的、有效的贸易书信。

(5) 写信人通过信件的内容来影响收信人，并使之采取某一行动或态度，以达到预期的目的。

(6) 努力创造良好的第一印象。

## [B] 적합한 단어를 넣으시오.

| 业务　交易　预期　通常　迎合　辅佐 |
|---|

(1) 你的工作就是____他完成这个课题。

당신의 업무는 그가 이 과제를 완수할 수 있도록 돕는 것이다.

(2) 这笔____ 能否成功，关键看贵方有没有诚意了。

이 거래가 성공하느냐의 여부는 귀측에 성의가 있느냐 없느냐에 달려있습니다.

(3) 这个公司主要经营汽车配件维修等____。

이 회사는 주로 자동차 부품의 수리 등의 업무를 취급한다.

(4) 我们学校的春季运动会____是在期中考试后举行的。

우리 학교 봄 운동회는 통상 중간고사가 끝난 후 거행된다.

(5) 这场演唱会能否达到____的效果呢?

이 번 공연이 예상했던 효과를 거둘 수 있을까?

(6) 你完全没有必要刻意去____某些人的喜好。

네가 애써 어떤 사람들이 좋아하는 것을 그대로 따를 필요는 전혀 없다.

## 【第二讲】 무역중국서 서신의 기본형식과 작성시 지켜야 할 사항

### 【第一节】 학습요점

### [A] 다음 문장들을 해석해 봅시다.

(1) 一封得体的、格式整洁、吸引人的贸易书信，有助于树立公司的良好形象。

제대로 된, 형식이 말끔하고 상대방의 관심을 끌 수 있는 무역서신은 회사의 좋은 이미지를 수립하는데 도움이 된다.

(2) 我们应充分重视贸易信函的书写格式与写作要求。

우리는 무역서신의 형식과 작성시에 요구되는 사항을 충분히 신경써야 한다.

(3) 我公司对贵公司生产的儿童系列服装很感兴趣，现已决定向贵公司订购一批服装。

우리는 귀사에서 생산하는 아동복에 대해 관심이 있으며, 귀사로부터 주문하기로 이미 결정하였습니다.

(4) 望贵公司就下列条件报价。

다음 조건에 대해 견적을 내주기 바랍니다.

(5) 如果贵方报价合理，且能给予适当的优惠和折扣，我公司将考虑大批量订货。

귀사의 견적이 합리적이고 적당한 우대조건과 할인을 해 주시면, 당사는 대량 주문을 고려하겠습니다.

(6) 望速回复。

신속한 회신을 기다리겠습니다.

### [B] 다음 단어들의 용법을 파악해 봅시다.

(1) "有助于。。。" : 도움이 된다

(2) "通常" : 통상

(3) "对。。。感兴趣" : ___에 대해 흥미를 느끼다

(4) "如果。。。将。。。" : 만약 ___한다면, 장차

(5) "给予" : ___해 주다

(6) “树立”：수립하다, 세우다

## 【第二节】 학습내용

贸易书信的基本格式与写作要求

一封得体的、格式整洁、吸引人的贸易书信，有助于树立公司的良好形象，并能有效地传达信息，促进贸易活动的成功。因此，我们应充分重视贸易信函的书写格式与写作要求。

제대로 된, 형식이 깔끔하고 사람의 관심을 끌 수 있는 무역 서신은 회사에 좋은 이미지를 심어주는데 도움이 된다. 아울러 효과적으로 정보를 전달할 수 있어서 무역 거래가 성사될 수 있도록 한다. 때문에 우리는 무역서신의 형식과 작성시에 요구되는 사항을 충분히 신경써야 한다.

通常，一封中文贸易信函的基本格式与结构为：

통상, 중국어 무역서신의 기본 틀과 구조는 다음과 같다:

(1) 标题：即要写明本信函的主要内容。

제목: 즉 편지의 주요 내용을 명확히 밝혀야 한다.

(2) 称谓：应在第一行顶格写上被询问者，后加冒号，以示尊敬。

호칭: 첫 번째 줄 맨 앞에 문의를 받는 상대방을 쓰며 그 뒤에 콜론 부호(Colon, :)를 달아서 존경을 표한다.

(3) 正文：是信函的主体，应以具体而简洁的语言，写明该信函所要叙述的主要内容。

본문: 편지의 본론이므로 구체적이고 간결한 언어로 편지가 서술하고자 하는 주요 내용을 명확히 밝혀야 한다

(4) 落款：在信函的最后，写上发函公司的名称，并注明写信日期。

（年、月、日）。

발신인 이름: 편지의 제일 밑에 편지를 발송하는 회사의 명칭을 적으며, 아울러 년월일의 날짜를 밝힌다.

## 【第二节】 각종 서신 예

예문

### 贸易信函范例

【标题】 询价函

【称谓】 中国上海鸿业贸易公司

【正文】 我公司对贵公司生产的儿童系列服装很感兴趣，现已决定向贵公司订购一批服装。数量：2000套。望贵公司就下列条件报价：

(1) 价格

(2) 交货日期

(3) 结算方式

如果贵方报价合理，且能给予适当的优惠和折扣，我公司将考虑大批量订货。望速回复。

【发函公司名称】 韩国汉阳株式会社

【注明发函的时间】 xxxx年xx月xx日

**무역 서신의 예문**

【제목】 가격의뢰

【호칭】 중국 상해홍업무역회사

【본문】 우리 회사는 귀사가 생산하고 있는 아동복에 대해 관심을 갖고 있으며, 귀사의 제품을 주문하기로 결정하였습니다. 수량은 2000벌입니다. 아래 항목에 대해 가격을 내주시기 바랍니다.

(1) 가격

(2) 물품인도 날짜

(3) 정산 방식

귀사의 견적이 합리적이고 적당한 우대조건과 할인을 해 주시면, 당사는 대량 주문을 고려하겠습니다. 빠른 시일 내에 회답을 주시기 바랍니다.

【발송회사명칭】 한국 한양주식회사

【발송날짜】 ****년**월**일

memo

## 生词

得体 détǐ: 적합하다

格式 géshì: 격식, 양식

促进 cùjìn: 촉진시키다

标题 biāotí: 표제, 제목

称谓 chēngwèi: 호칭

顶格 dǐnggé: 줄 앞에 칸을 띄지 않고 쓰는 것을 말함

询问 xúnwèn: 문의하다

冒号 màohào: 콜론, :

正文 zhèngwén: 본문

主体 zhǔtǐ: 주체, 본체

叙述 xùshù: 서술하다

落款 luòkuǎn: 낙관, 발신인 이름

发函 fāhán: 편지를 발송하다

询价 xúnjià: 가격을 묻다, 견적을 요청하다

系列 xìliè: 계열

订购 dìnggòu: 주문하다, 구입하다

报价 bàojià: 견적을 내다, 가격을 제시하다

结算 jiésuàn: 정산하다, 계산하다

优惠 yōuhuì: 우대

折扣 zhékòu: 할인

## 注释

(1) 有助于。。。: ___에 도움이 된다

a. 睡前喝一杯牛奶有助于睡眠。

자기 전에 우유 한 잔을 마시면 수면에 도움이 된다.

b. 科学研究证明黄瓜等蔬菜有助于控制血糖。

과학연구는 오이 등 채소가 혈당을 제어하는 데 도움이 된다는 것을 증명하였다.

(2) 通常 : 일반적으로, 통상

a. 按照她的习惯，通常会在海滨别墅度周末的。

그녀의 습관에 의하면 통상 해변 별장에서 주말을 보내곤 한다.

b. 他通常在附近的超市购物。

그는 통상 부근에 있는 슈퍼에서 물건을 산다.

(3) 对。。。感兴趣。。。 : ___에 대하여 흥미를 느끼다

a. 我对学习汉语很感兴趣。

나는 중국어 학습에 대해 흥미가 있다.

b. 我们对贵公司的项目非常感兴趣。

우리는 귀사의 아이템에 대해 매우 관심이 있다.

(4) 如果。。。将。。。 : 만약 ___한다면, 장차

a. 如果没有更好的解决办法，我们将撤资。

만약 더 좋은 해결방법이 없다면, 나는 투자를 취소하겠다.

b. 如果对方拒绝按期付款，我们将向法院提起诉讼。

만약 상대방이 기한 내에 돈을 지불하지 않으면 우리는 법원에 소송을 낼 것이다.

(5) 给予 : 주다

a. 她在生活上给予了我很大的帮助。

그녀는 나에게 살아가는데 커다란 도움을 주었다.

b. 我对他给予了很大的希望。

나는 그에게 큰 희망을 걸었다.

(6) 树立 : 수립하다, 세우다

a. 我们要树立远大的理想。

우리는 원대한 이상을 갖고 있어야 한다.

b. 他为我们树立了好的榜样。

그는 우리에게 좋은 모범이 되었다.

## 복습

### 【第三节】

### [A] 다음 문장들을 다시 한 번 복습해 봅시다.

(1) 一封得体的、格式整洁、吸引人的贸易书信，有助于树立公司的良好形象。

(2) 我们也应充分重视贸易信函的书写格式与写作要求。

(3) 我公司对贵公司生产的儿童系列服装很感兴趣，现已决定向贵公司订购一批服装。

(4) 望贵公司就下列条件报价。

(5) 如果贵方报价合理，且能给予适当的优惠和折扣，我公司将考虑大批量订货。

(6) 望速回复。

### [B] 적합한 단어를 넣으시오.

| 得体　报价　称谓　叙述　系列　折扣 |
|---|

(1) 如果贵公司能再给我们一些____的话，那么我们可以成交。

귀사가 좀더 할인해 주시면 거래가 성사될 수 있습니다.

(2) 贸易信函中正文部分的____，一定要简洁清晰。

무역서신 중 본문의 서술 내용은 간결하고 명확해야 한다.

(3)大家都说他今天的衣着大方____。

모두들 오늘 그의 의상이 대범하고 잘 어울린다고 말한다.

(4) 写贸易信函时，在顶格处首先要写明收信方的____。

무역서신을 작성할 때 맨 앞 줄에 먼저 수신자의 호칭을 써야 한다.

(5) 关于儿童____服装的单件包装问题，还有待于我们双方再商议。

아동복 계열 의상의 개별 포장 문제에 관해 우리 쌍방은 다시 협의를 해야할 필요가 있다.

(6) 贵公司是否同意我方的____？

귀사는 우리측의 견적에 대해 동의하시는 지요?

# 希望建立贸易关系函和答复希望建立贸易关系函

## 第 二 周

# 第二周

## 希望建立贸易关系函和答复希望建立贸易关系函

무역 거래를 원하는 서신과 이에 대한 답신

**【내용소개】**

이번 주에는 무역거래를 원하는 서신 및 이에 대해 어떻게 회신하는가에 대해 소개합니다.

【第一讲】 무역거래를 원하는 서신과 상대방의 무역거래 요청에 대한 회답서신의 내용과 형식

【第二讲】 무역거래를 원하는 서신과 상대방의 무역거래 요청에 대한 회답신의 예문

### 【第一讲】 무역거래를 원하는 서신과 이에 대한 답신의 작성 내용과 형식

#### 【第一节】 학습요점

**[A] 다음 문장들을 해석해 봅시다.**

(1) 外贸公司或企业要生存、求发展，就需要积极、广泛地建立业务关系。

무역회사 혹은 기업은 생존과 발전을 위해 적극적이고 폭넓게 업무관계를 형성해야 한다.

(2) 建立业务关系通常是靠贸易书信、广告或其他通信工具来完成的。

업무관계는 통상 무역서신, 광고 혹은 기타 다른 통신수단을 통해 형성된다.

(3) 首先：应告诉对方，己方是怎样获悉对方的经营范围与地址的。

우선 우리가 어떻게 상대방의 업무영역과 주소를 알았는지에 대해 상대방에게 알려주어야 한다.

(4) 提出己方有意与对方建立业务关系、进行交易，希望得到对方的配合。

이쪽에서 상대방과 비즈니스 관계를 맺고 거래를 할 의사가 있으며, 이에 대해 상대방의 호응이 있기를 희망하고 있음을 제시한다.

(5) 在标题处写明“答复客户建立贸易关系函”。

제목 부분에는 "고객의 무역거래 제의에 대한 회답신"이라고 쓴다.

(6) 必要时可提出己方公司的交易条件、支付条件等。

필요 시, 이쪽 회사의 거래조건, 지불조건 등을 제시할 수 있다.

## [B] 다음 단어들의 용법을 파악해 봅시다.

(1) “与之” : 之는 대명사다. 문장 속에서 之가 가리키는 대상을 찾아서 해석을 해야 한다.
예를 들면 그와, 그에게, 그들과, 그들에게, 그녀와, 그녀에게 등등이 된다.

(2) “必要” : ____할 필요가 있다

(3) “首先、其次、第三” : 우선은, 그 다음은, 세 번째는

(4) “而” : 이 단어의 용법은 문장의 흐름을 보고 판단해야 한다. “그리고”로 번역될 수도 있고, “그러나”로 번역될 수도 있다. 분문에서는 “그리고”이다.

(5) “。。。是指。。。” : ____을 가리킨다

(6) “在。。。处写明。。。” : ___ 에 ___을 분명하게 쓰다

## 【第二节】 학습내용

## [A]

希望建立贸易关系函和答复希望建立贸易关系函的写作内容与格式

希望建立贸易业务关系是开展和扩大业务的基础。外贸公司或企业要生存、求发展，就需要积极、广泛地建立业务关系。而建立业务关系通常是靠贸易书信、广告或其它通信工具来完成的。

“希望建立贸易关系函”具体是指：企业或者公司为了生产与销售，通过多种途径了解客户，收集客户资料，经论证后，要求与客户建立贸易关系而与之联系的文书。

무역거래를 희망하는 편지와 이에 대해 회답하는 편지의 작성 내용과 형식

상대방과 무역거래를 원하는 것은 무역업무를 시작하고 확대시키는 기초가 된다. 무역회사나 기업은 생존과 발전을 위해 적극적이고 폭넓게 비즈니스관계를 맺어야 한다. 그리고 비즈니스 관계의 수립은 통상 무역서신이나 광고 혹은 기타 다른 통신도구를 사용해서 이루어 진다.

무역 관계 수립을 희망하는 서신은 구체적으로 다음과 같은 내용을 가리킨다: 기업 혹은 회사가 생산과 판매를 위해 다양한 방법을 통해 고객을 이해하고 그들에 관한 자료를 수집해서 검증을 거친 후 무역관계를 맺고 그들과의 연락을 요청하는 문서이다.

## [B-1] 무역 거래를 원하는 편지의 작성 내용과 형식

(1) 标题：在标题处，应写明“希望建立贸易关系函”。

제목: 제목 부분에 무역거래를 원하는 편지임을 밝혀야 한다.

(2) 称谓：在信函的顶格处，写明收函公司或者企业的名称。

호칭: 편지 맨 앞에 편지를 받는 회사 또는 기업의 명칭을 쓴다.

(3) 正文：首先，应告诉对方，己方是怎样获悉对方的经营范围与地址的，要简单地说明认识的经过（如通过某某人或某机构介绍等），并提出己方有意与对方建立业务关系、进行交易，希望得到对方的配合。

其次：应进行自我介绍。主要介绍己方公司或企业的情况。如：营业性质、进出口商、代理、厂商，及基本的业务能力、经营与推销能力。必要时可提出己方公司的交易条件、支付条件等。

第三：应以能促使对方采取行动的礼节性的语言如：“恭候回音”、“等候佳音”、“欢迎来信联系”等作结尾。

본문: 먼저 상대방에게 우리가 어떻게 그쪽의 업무영역이 무엇이며 주소가 어디인지를 알게 되었는가에 대해 알려주고, 알게 된 경로(예를 들면 어떤 사람이나 어떤 조직의 소개 등등)에 대해서 간단히 설명해야 한다. 아울러 이쪽에서 상대방과 비즈니스 관계를 맺고 거래할 의사가 있으며, 상대방이 이에 대한 호응이 있기를 희망하고 있음을 제시한다.

그 다음, 이쪽 소개를 한다. 주로 이쪽 회사나 기업의 상황에 대해 소개한다. 예를 들면, 업무성격, 수출입상, 대리점, 제조업자 및 기본적인 업무 능력, 경영과 마케팅 능력 등등이다. 필요 시 이쪽 회사의 거래조건이나 지불조건 등에 대해 언급할 수도 있다.

셋째, 상대방으로 하여금 그 다음 액션을 취할 수 있도록 예의를 갖춘 언어, 예를 들면 “회답을 기다리겠습니다,” “좋은 소식을 기다리겠습니다,” “연락 바랍니다” 등등의 언어로 끝을 맺어야 한다.

(4) 落款：写明发函公司或企业的名称，并标明年、月、日。

발신인 이름: 발신 회사나 기업의 명칭, 년월일의 날짜를 쓴다.

## [B-2] 答复客户希望建立贸易关系函的写作内容及格式：

“答复客户希望建立贸易关系函”是指：企业或公司收到希望建立贸易关系函后，回复对方的要求时所写的商业信函。其内容与格式为：

고객이 무역거래를 원하는 내용에 대해 회답하는 서신의 작성 내용과 형식:

고객이 무역거래를 원하는 서신에 대한 회답은 기업 혹은 회사가 무역거래 희망서신을 받은 후 상대방의 요구에 회답할 때 작성하는 비즈니스 서신이다. 그 내용과 형식은 다음과 같다:

(1) 标题: 在标题处写明“答复客户希望建立贸易关系函”。

제목: 제목 부분에는 "고객의 무역거래 희망에 대한 답장"이라고 명확히 쓴다.

(2) 称谓：在顶格处写明收函公司或企业的名称。

호칭: 줄 맨 앞 부분에 수신하는 회사나 기업의 명칭을 쓴다.

(3) 正文：首先应说明收到来函的日期。其次应表明自己的态度、意愿和汇寄有关材料的情况。第三应说明己方的明确打算。

본문: 우선 편지를 받은 날짜를 써야 한다. 그 다음, 이쪽의 입장, 바램과 송금 관련 자료에 관한 상황을 밝힌다. 세 번째로 이쪽의 명확한 계획을 설명한다.

(4) 落款：写明发函公司或企业，并标明年、月、日。

발신인 이름: 발신 회사나 기업의 이름을 쓰고 아울러 년월일을 표기한다.

### 生词

生存 shēngcún: 생존

销售 xiāoshòu: 판매하다

途径 tújìng: 통로

收集 shōují: 수집하다

论证 lùnzhèng: 논증하다

己方 jǐfāng: 이쪽

对方 duìfāng: 상대방

获悉 huòxī: 알게되다
机构 jīgòu: 기구
配合 pèihé: 호흡을 맞추다, 협동하다, 잘 조화되다
代理 dàilǐ: 대리점
营业性质 yíngyèxìngzhì: 영업성격
进出口商 jìnchūkǒushāng: 수출입상
推销 tuīxiāo: 마케팅하다, 판촉하다
支付 zhīfù: 지불하다
促使 cùshǐ: ___하도록 하다
恭候 gōnghòu: 삼가 기다리다
佳音 jiāyīn: 좋은 소식
意愿 yìyuàn: 염원
汇寄 huìjì: 송금하다

## 注释

(1) 。。。与之。。。: 之는 대명사다. 문장 속에서 之가 가리키는 대상을 찾아서 해석을 해야 한다. 예를 들면 그와, 그에게, 그들과, 그들에게, 그녀와, 그녀에게 등등이 된다.

a. 先收集一下他们公司的资料，然后再与之进行谈判就会更有把握。

우선 그들 회사의 자료를 수집하고 그리고 다시 그들과 담판을 해야지 거래를 성사시킬 가망이 더 많다.

b. 我们一定要与之保持良好的合作关系。

우리는 반드시 그들과 좋은 협력관계를 유지해야 한다.

(2) 必要: ___할 필요가 있다

a. 谈判是第一步，必要时可用法律的手段解决这个问题。

담판이 첫 단계이지만, 필요 시 법적 수단으로 이 문제를 해결할 수 있다.

b. 先听听他们的意见，必要时我们再给与补充。

우선 그들의 의견을 들어보고, 필요 시 보충한다.

(3) 首先。。。其次。。。第三：우선은, 그 다음은, 세 번째는

a. 大会议程是这样的：首先是领导发言，其次是学生代表发言，第三是文艺演出。

대회 진행은 다음과 같습니다. 우선 윗 분이 발언하고, 그 다음은 학생대표가 발언하고, 세 번째로 예술공연이 있겠습니다.

b. 这次考察的过程分为三个步骤：首先听取介绍；其次去参观工厂；第三是了解该公司产品的具体情况。

이 번 시찰은 3단계로 나뉘어집니다. 우선 소개를 들어보고, 그 다음 공장을 참관하고, 세 번째로 이 회사 생산품에 관한 구체적인 상황을 파악하는 것입니다.

(4) 。。。而。。。：이 단어의 용법은 문장의 흐름을 보고 판단해야 한다. "그리고"로 번역될 수도 있고, "그러나"로 번역될 수도 있다.

a. 窗外雨下得很大，而我却没有带伞，真糟糕。

창밖에 비가 많이 내리지만, 나는 우산이 없어서 정말 큰일났다.

b. 我们要坐下来好好商量一下，而不是互相埋怨。

우리 둘러앉아서 잘 의논해야 되지, 서로 원망하는 게 아니다.

(5) 。。。是指。。。：___을 가리킨다

a. 企业是指从事生产、运输、贸易等经济活动的部门。

기업이란 생산, 운송, 무역 등 경제활동을 하는 부문을 가리킨다.

b. 这本书中的“三国”是指中国东汉末年魏、蜀、吴三个国家。

이 책에 등장하는 "삼국"이라는 말은 중국 동한 말 위나라, 촉나라 , 오나라 세 나라를 가리키는 것이다.

(6) 在。。。处写明。。。：___에 ___을 분명하게 쓰다

a. 请您在单据的空白处写明您需要的物品的规格。

영수증 빈칸에 당신이 필요한 물품의 규격을 써 넣어 주십시오.

b. 请您在订单的落款处写明订货人的姓名。

주문서의 발송인 난에 물건을 주문하는 사람의 이름을 써 주십시오.

## 복습

### 【第三节】

### [A] 다음 문장들을 다시 한 번 복습해 봅시다.

(1) 外贸公司或企业要生存、求发展，就需要积极、广泛地建立业务关系。

(2) 建立业务关系通常是靠贸易书信、广告或其它通信工具来完成的。

(3) 首先：应告诉对方，己方是怎样获悉对方的经营范围与地址的.

(4) 提出己方有意与对方建立业务关系、进行交易，希望得到对方的配合。

(5)在标题处写明“答复客户希望建立贸易关系函”。

(6) 必要时可提出己方公司的交易条件、支付条件等。

### [B] 적합한 단어를 넣으시오.

| 生存　销售　获悉　途径　支付　意愿 |
|---|

(1) 在危急的情况下，求____是人的本能。

위급한 상황에서 생존하고자 하는 것은 사람의 본능이다.

(2) 张经理是我们这里的推销能手，专门负责产品的____工作。

장 부장은 우리 회사의 마케팅 달인인데, 전적으로 생산품의 판매업무를 책임지고 있다.

(3) 我们需要通过什么样的_____才能获得必要的信息?

우리는 어떠한 경로를 통해야 필요한 정보를 얻을 수 있을까요?

(4) 顾客的_____是我们对产品进行改进的指导思想。

고객의 바램은 우리가 생산품에 대해 개진해야 할 방향을 제시해 주는 이념이다.

(5) 从报纸上_____，下个月燃油的价格会有较大幅度的下跌。

신문지상을 통해 다음달 연료 가격이 비교적 큰 폭으로 내린다는 사실을 알았다.

(6) 此次货款的结算，贵公司希望采用怎样的_____方式?

이번 대금 결제에 대해 귀사는 어떠한 지불방식을 원합니까?

## 【第二讲】 무역거래시작을 원하는 서신의 예와 이에 대한 회답신의 예문

### 【第一节】 학습요점

#### [A] 다음 문장들을 해석해 봅시다.

(1) 承蒙韩国驻北京大使馆商务参赞处告知贵公司的名称与地址，并得知贵公司有意购买部分服装。

주중한국대사관 경제참사처로부터 귀사의 명칭과 주소를 알았으며, 아울러 귀사가 의류를 구입할 의사가 있음을 알았습니다.

(2) 我们愿借此机会与贵方联系，以期建立进出口商品的业务关系。特函奉告。

이번 기회를 통해 귀하와 수출입 무역 파트너가 되었으면 합니다. 이에 편지를 드리는 바입니다.

(3) 我方有着多年的外贸经验，并与世界各国的许多公司建立了持久的贸易关系。

우리는 수년 간의 무역경험이 있으며, 아울러 세계 각국의 많은 회사와 지속적인 무역관계를 맺어 왔습니다.

(4) 现随函附上我公司目前可供出口的服装种类清单一份。

우리 회사가 현재 수출할 수 있는 의복 종류 목록 한 부를 첨부합니다.

(5) 如若有意，敬请告知。

만약 의사가 있으시면 알려주시기 바랍니다.

(6) 我们希望聆听贵公司的意见、要求及建议。

귀사의 의견, 요구사항 및 건의를 경청하겠습니다.

#### [B] 다음 단어들의 용법을 파악해 봅시다.

(1) "承蒙。。。告知。。。" : 매우 공손한 표현방식으로, "___로부터 통지를 받아서"의 의미

(2) "以期" : ___을 함으로써 ___을 기대한다

(3) "因而" : 때문에

(4) “如若”：만약에

(5) “与。。。一致”： __과 일치한다

(6) “加之”：게다가

## 【第二节】 각종 서신 예

예문一

### 希望建立贸易关系函

韩国汉阳株式会社：

承蒙韩国驻北京大使馆商务参赞处告知贵公司的名称与地址，并得知贵公司有意购买部分服装。我们愿借此机会与贵方联系，以期建立进出口商品的业务关系。特函奉告。

我们是国营公司，主要经营服装的进出口业务。我方有着多年的外贸经验，并与世界各国的许多公司建立了持久的贸易关系。由于我方与生产厂家保持着长期直接的联系，加之服装的质量上乘，价格合理，因而我们的产品十分畅销，商誉驰名。为了使贵方能了解我们经营的商品，现随函附上我公司目前可供出口的服装种类清单一份。如若有意，敬请告知。

我们希望聆听贵公司的意见、要求及建议，并愿意在双方的共同努力下，本着平等互惠的原则，建立起长期、稳定、互利的业务关系。

恭候回音。

中国上海鸿业贸易公司<br>xxxx年xx月xx日

**무역거래를 원하는 서신**

한국 한양주식회사 귀하,

주중한국대사관 경제참사처로부터 귀사의 이름과 주소를 알았으며, 아울러 귀사가 의류를 구입할 의사가 있다는 소식을 접했습니다. 이번 기회를 빌려 귀하와 수출입 무역 파트너 관계를 맺었으면 합니다. 이에 편지를 드리는 바입니다.

저희는 국영기업으로, 주로 의류 수출입 업무를 하고 있습니다. 저희는 오랜 기간의 무역업 경험을 갖고 있으며 아울러 세계 여러나라의 많은 회사들과 지속적인 무역거래를 해 왔습니다. 저희는 제조회사와 장기적이고도 직접적으로 연계가 되어 있으며, 게다가 제품도 고급 품질을 자랑하며 가격도 합리적입니다. 때문에 저희 제품은 판매가 잘 되고 있으며, 관련업계에서도 명성이 널리 알려져 있습니다. 귀사가 저희가 취급하는 제품에 대한 이해를 돕고자 당사가 현재 수출할 수 있는 의류 목록을 첨부해 보내드립니다. 만약 구매의사가 있으시면 알려주시기 바랍니다.

귀사의 의견, 요구사항 및 건의에 대해 경청하고자 하며, 쌍방의 노력 하에 평등호혜 원칙에 근거, 장기적이고 안정적이며 서로가 도움을 줄 수 있는 비즈니스 관계를 맺었으면 합니다. 답장을 기다리겠습니다.

중국 상해홍업무역회사

****년**월**일

memo

예문二

## 答复客户希望建立贸易关系函

中国上海鸿业贸易公司:

接到贵公司xx月xx日函，得悉贵公司经营进出口部分服装的业务，并愿与我公司建立直接的业务关系。这正与我公司的愿望相一致。

目前，我公司有意进口部分儿童系列的服装，请贵公司惠寄儿童服装样品的图片及一切必要的资料，我方将尽全力合作。同时也希望在近期内能有互访和当面洽谈的机会，以共商合作事宜。

等候佳音。

韩国汉阳株式会社

xxxx年xx月xx日

중국 상해홍업무역회사 귀하,

귀사의 **월**일 편지를 받고 귀사가 의류 수출입 업무를 취급하고 있으며, 아울러 당사와 직접적인 거래 관계 맺기를 원한다는 것을 알았습니다. 이는 바로 우리의 바램과 일치하는 것입니다.

현재 당사는 아동복을 수입할 의향이 있습니다. 아동복 샘플사진 및 필요한 자료 일체를 보내 주시면 귀사와의 협력에 적극 임하고자 합니다. 동시에 또한 빠른 시일 내에 이 일에 대해 함께 의논할 수 있도록 상호 방문하여 직접 대면 상담을 통해 협력사항을 논했으면 합니다. 기쁜 소식을 기다리겠습니다.

한국 한양주식회사

****년**월**일

## 生词

参赞 cānzàn: 대사관 직급 중 하나인 참사관

借此 jiècǐ: 이를 빌려, 이번 기회에

特函 tèhán: 특별히 편지를 하다

奉告 fènggào: 알려드리다

上乘 shàngchéng: 상등품, 고급

畅销 chàngxiāo: 매상이 좋다, 판매가 잘 된다

商誉 shāngyù: 업계에서의 명성이나 명예

驰名 chímíng: 명성을 떨치다

有意 yǒuyì: 의사가 있다

种类 zhǒnglèi: 종류

清单 qīngdān: 명세서, 목록

聆听 língtīng: 경청하다

互惠 hùhuì: 호혜

原则 yuánzé: 원칙

互利 hù lì: 서로에게 이익이 되다

得悉 dé xī: 소식을 알다

惠寄 huìjì: 편지 등을 부쳐 주시다

互访 hùfǎng: 상호방문

洽谈 qiàtán: 협의하다, 상담하다

事宜 shìyí: 일, 사업

## 注释

(1) 承蒙。。。告知。。。: 매우 공손한 표현방식으로, "__로부터 통지를 받아서"의 의미

a. 承蒙您告知，我方将尽快补上所缺的货品。

당신으로부터 연락을 받고 우리는 최대한 빨리 부족한 물품을 채울 것입니다.

b. 承蒙朴先生告知，我们将会尽快与制造商联系的。

박선생으로부터 통지를 받았으며, 우리는 최대한 빨리 제조회사와 연락할 것입니다.

(2) 以期：___을 함으로써 ___을 기대한다

a. 我们要加班加点地工作，以期在本月内交工。

우리는 초과 근무를 해서, 이번 달 내에 공기를 완성할 것으로 기대된다.

b. 我公司特发此函，以期与贵公司建立贸易合作的关系。

우리 회사가 이 편지를 발송하는 것은, 이를 통해 귀사와 무역파트너 관계를 맺고자 하는 것입니다.

(3) 因而：때문에

a. 我们的事业是正义的，因而我们不会失败的。

우리 사업은 매우 정당한 사업이기 때문에 실패할 리가 없다.

b. 我们工厂的生产能力有限，因而不能按时达到您的要求。

우리 공장의 생산 능력은 한계가 있어서 제 기간 내에 당신의 요구에 맞출 수 없습니다.

(4) 如若：만약에

a. 如若贵公司不履行合同，我们将用法律手的段来解决这个问题。

만약 귀사가 계약을 이행하지 않는다면, 우리는 법적 수단으로 이 문제를 해결할 것입니다.

b. 如若贵公司生产的产品质量不合格，我们将全部退货。

만약 귀사가 생산하는 제품이 품질 불합격이면, 우리는 물건을 전부 돌려보낼 것입니다.

(5) 与。。。一致：___과 일치하다

a. 家具的款式要与装修风格保持一致。

가구의 디자인은 인테리어 분위기와 맞아야 한다.

b. 出厂货物的规格要与设计图上的要求保持一致。

공장에서 나오는 물건의 규격은 설계도상의 요구와 일치해야 한다.

(6) 加之：게다가

a. 由于天气恶劣，加之时间有限，所以此次旅行计划被取消了。

날씨가 나쁜데다가 시간도 부족해서 이번 여행계획은 취소되었다.

b. 贵方要求交货的时间太紧，加之我们工厂的工人有限，所以我们不能满足您的要求。

귀측이 요구하는 물품인도 시간이 너무 급박한데다, 우리 공장도 인력이 딸려서 우리는 당신의 요구를 만족시켜드릴 수가 없습니다.

## 복습

### 【第三节】

### [A] 다음 문장들을 다시 한 번 복습해 봅시다.

(1) 承蒙韩国驻北京大使馆商务参赞处告知贵公司的名称与地址，并得知贵公司有意购买部分服装。

(2) 我们愿借此机会与贵方联系，以期建立进出口商品的业务关系。特函奉告。

(3) 我方有着多年的外贸经验，并与世界各国的许多公司建立了持久的贸易关系。

(4) 现随函附上我公司目前可供出口的服装种类清单一份。

(5) 如若有意，敬请告知。

(6) 我们希望聆听贵公司的意见、要求及建议。

### [B] 적합한 단어를 넣으시오.

| 借此　畅销　奉告　驰名　清单　聆听 |
|---|

(1) 我们的商品在市场上非常______。

우리 상품은 시장에서 판매가 매우 잘 되고 있다.

(2) 我们希望_____机会增进彼此间的了解。

우리는 이번 기회를 빌려 서로간의 이해를 증진시켰으면 한다.

(3) 我公司______消费者，请认准我们产品的商标，谨防假冒。

우리 회사는 소비자들에게 우리 제품의 상표를 확인해서 가짜에 속지 말라고 고지한다.

(4) 本次发货的____已经随货物一起发出了。

이번에 발송하는 물건의 명세서는 화물과 함께 보냈다.

(5) 这种啤酒口感很好，中外____。

이 맥주는 맛이 아주 좋아 국내외에서 유명하다.

(6) 我们希望_____您的宝贵意见

우리는 당신의 고귀한 의견을 경청하고자 합니다.

# 推销产品函

## 第 三 周

# 第三周 推销产品函

마케팅 서신

**【내용소개】**

이번 주에는 마케팅 서신 작성시 지켜야 할 기본원리, 형식과 방식에 대해 소개합니다.

【第一讲】 마케팅 서신의 작성 내용과 형식

【第二讲】 마케팅 서신의 예문

## 【第一讲】 제품마케팅 서신의 작성 내용과 형식

### 【第一节】 학습요점

**[A] 다음 문장들을 해석해 봅시다.**

(1) “推销产品函”是为了向对方推销产品而使用的一种业务信函。

마케팅 서신은 상대방에게 제품을 판촉하기 위해 작성하는 일종의 비즈니스 서신이다.

(2) 其目标是：设法将某些商品向特定的客户销售。

그 목표는 방법을 강구해서 어떤 상품을 특정 고객에게 판매하는 것이다.

(3) 其目的是：说服客户，使客户觉得需要你正在推销的货物，并能采取行动。

그 목적은 고객을 설득해서 당신이 판촉하고 있는 제품이 필요하다고 느껴서 그에 대한 행동을 하게끔 하는 것이다.

(4) 开端语：主要说明发函的目的，要求简明扼要并有独创性。

시작하는 말: 주로 편지 발송의 목적을 설명하는데, 간단명료하면서도 요점을 밝힐 수 있어야 하며 아울러 독창성이 요구된다.

(5) 为了使收信人信服，必须用证据来证明自己言语的可信性。

수신인을 설득하기 위해 근거를 가지고 자신의 말의 신빙성을 증명해야 한다.

(6) 对产品特色的介绍，要多强调其功用及优于同类产品的种种特征等。

제품특색에 대한 소개는 그 기능 및 동류의 다른 제품보다 뛰어난 여러가지 특징 등에 대해서 더 많이 강조해야 한다.

## [B] 다음 단어들의 용법을 파악해 봅시다.

(1) “。。。与。。。不同” ： ___과 다르다

(2) “最具有” : 가장 ___ 을 갖추고 있다

(3) “。。。其目标是。。。其目的是。。。” : 그 목표는 ___이고, 그 목적은 ___이다.

(4) “。。。如。。。所。。。” ： ___한 바와 같다

(5) “优于” : ___보다 우월하다, 더 낫다

(6) “简明扼要” ： 간단명료하면서도 핵심을 찌르다

## 【第二节】 학습내용

### [A] 推销产品函的写作内容与格式

“推销产品函”是为了向对方推销产品而使用的一种业务信函。它与其它各种形式的广告不同，是最具有选择性的。其目标是：设法将某些商品向特定的客户销售。其目的是：说服客户，使客户觉得需要你正在推销的货物，并能采取行动。

마케탕 서신의 내용과 형식

마케팅 서신은 상대방에게 제품을 판촉하기 위해서 작성하는 일종의 비즈니스 서신이다. 이 서신은 기타 다른 각종 형식의 광고와는 다르며, 가장 선택성을 갖추고 있다. 어떻게 해서든 방법을 강구해서 어떤 제품을 특정 고객에게 판매하는 것이 그 목표이며, 그 목적은 고객이 당신이 현재 팔고자 하는 물건이 필요하다고 느끼도록 설득해서 이와 상관된 행동을 취하도록 하게 하는 것이다. (즉 구매의사를 밝히도록 하게 하는 것이다.)

### [B] 제품 마케팅 서신의 작성 내용 및 형식은 다음과 같다:

(1) 标题: 在标题处，写明“推销***（产品）函”。

제목: 제목 부분에 “(제품명) 판촉에 관한 편지”임을 밝힌다.

(2) 称谓: 在顶格处，写明收信者的名称。

호칭: 줄 맨 앞에 수신자의 명칭을 적는다.

(3) 正文: 正文部分包括:

본문: 본문에는 다음과 같은 내용이 포함된다:

a. 开端语：主要说明发函的目的，要求简明扼要并有独创性。且开头一段必须吸引人，要能使收信人注意到你所说的话。

시작하는 말: 주로 편지발송의 목적을 설명하는데, 간단명료하면서도 핵심을 찌를 수 있어야 하며 아울러 독창성이 있어야 한다. 또한 처음 시작 단계에서 필히 관심을 끌어야 하며 수신자로 하여금 당신의 말에 주의를 기울이도록 해야 한다.

b. 产品介绍：这部分应该写得生动活泼，重点突出。对产品特色的介绍，要多强调其功用及优于同类产品的种种特征等，使收信人对你所要推销的产品产生需求。

제품소개: 이 부분에서는 생동감있고, 제품의 포인트가 돋보이도록 써야 한다. 제품 특색에 대한 소개는 그 기능 및 동종의 다른 제품보다 우수한 여러가지 특징에 대해서 많이 강조해서 상대방이 당신이 마케팅하고자 하는 제품에 대해 구매 욕구가 생기도록 해야 한다.

c. 提供证据：这部分应使用具体、详细的语言，继续强调产品的突出特点。为了使收信人信服，必须用证据来证明自己言语的可信性。即利用事实，如销售统计或其他用户反馈回好的评价等等，使收信人相信，你的产品正如你所言。

근거제시: 이 부분에서는 구체적이고 자세한 언어로 제품의 뛰어난 특징을 계속해서 강조해야 한다. 상대방을 설득할 수 있도록, 근거를 가지고 자신의 말에 대한 신빙성을 증명해야 한다. 즉 실제 사실을 이용하는데, 예를 들면, 판매통계 혹은 다른 고객이 feedback한 평가 등등의 자료를 제공해서 상대방이 당신의 제품이 당신이 말하는 그대로임을 믿도록 해야 한다.

d. 提出保用期和免费试用。

보증기간과 무료 사용기간을 제시한다.

e. 价格：在概括产品的优点时，应提出产品的价格。

가격: 제품의 우수성을 개괄적으로 설명할 때 제품의 가격을 제시해야 한다.

f. 结尾语：结尾语要充满信心的呼吁，要能说服收信人采取行动，以激发他的购买欲望。

끝내는 말: 끝내는 말은 자신감 있는 호소력이 넘쳐야 하며, 상대방이 반응을 하도록 설득해서 그의 구매욕구를 유발시켜야한다.

(4) 落款：写明发函公司，并且标明年、月、日。

발신인 이름: 발신회사를 쓰고, 년월일 날짜를 표시한다.

## 生词

选择 xuǎnzé: 선택하다
目标 mùbiāo: 목표
设法 shèfǎ: 방법을 강구하다
特定 tèdìng: 특정의
说服 shuìfú: 설득하다
活泼 huópo: 활발하다
强调 qiángdiào: 강조하다
功用 gōngyòng: 기능
特征 tèzhēng: 특징
详细 xiángxì: 자세하다
证据 zhèngjù: 증거
统计 tǒngjì: 통계
反馈 fǎnkuì: 피드백(Feedback)
概括 gàikuò: 개괄하다
呼吁 hūyù: 호소하다
开端 kāiduān: 시작, 발단
激发 jīfā: 불러일으키다
欲望 yùwàng: 욕망
独创性 dúchuàngxìng: 독창성
保用期 bǎoyòngqī: 보증기간

## 注释

(1) 。。。与。。。不同 : ___과 다르다

a. 汤姆的设计风格与玛丽的不同。

Tom의 디자인 풍은 Mary와 다르다.

b. 我们公司的产品与市面上流通的产品不同。

우리 회사의 제품은 시중에서 유통되는 제품과 다르다.

(2) 。。。最具有。。。 : 가장 ___을 갖추고 있다.

a. 这幅画最具有中国传统文化特色。

이 그림은 가장 중국 전통의 문화적 특색을 갖추고 있다.

b. 我们的产品是最具有民族特色的。

우리 제품은 가장 민족적 특색을 갖고 있다.

(3) 。。。其目标是。。。其目的是。。：그 목표는 ___이고, 그 목적은 ___이다

a. 小明努力地学习英语。其目标是拿到全市英语竞赛冠军；其目的是以后成为一名翻译家。

小明은 열심히 영어를 공부하고 있다. 목표는 시 전체 영어경연대회에서 1등을 하는 것이며, 목적은 이후 번역가가 되는 것이다.

b. 我们之所以降低价格，其目标是想与贵公司保持长久的合作关系；其目的是为了扩大市场占有率。

우리가 가격을 낮추는 이유, 그 목표는 귀사와 장기적인 협력관계를 유지하기 위함이고, 목적은 시장 점유율을 높이기 위함입니다.

(4) 。。。如。。。所：___한 바와 같다.

a. 正如你所言，他真的考上了名牌大学。

당신이 말한 그대로, 그는 정말 일류대학에 합격하였다.

b. 正如贵公司所掌握到的信息一样，我们的产品在市场是相当有竞争力的。

귀사가 파악하고 있는 정보 그대로 우리 제품은 시장에서 상당히 경쟁력을 갖추고 있다.

(5) 。。。优于。。。： ___보다 우월하다, 더 낫다

a. 这个品牌彩电的质量优于其它同类产品。

이 브랜드의 컬러 TV의 품질은 동종의 다른 제품보다 뛰어나다.

b. 他的表现优于其他选手。

그의 성적은 다른 선수보다 더 낫다.

(6) 简明扼要：간단명료하면서도 핵심을 찌르다

a. 时间有限，请您简明扼要地说明一下情况。

시간이 제한되어 있으니 간단명료하게 핵심적으로 상황에 대해 설명해 주세요.

b. 这篇文章语言清晰、简明扼要。

이 글은 언어가 분명하고, 간단명료하면서도 핵심을 찌른다.

복습

## 【第三节】

### [A] 다음 문장들을 다시 한 번 복습해 봅시다.

(1) "推销产品函"是向对方推销产品而使用的一种业务信函。

(2) 其目标是：设法将某些商品向特定的客户销售。

(3) 其目的是：说服客户，使客户觉得需要你正在推销的货物，并能采取行动。

(4) 开端语：主要说明发函的目的，要求简明扼要并有独创性。

(5) 为了使收信人信服，必须用证据来证明自己言语的可信性。

(6) 对产品特色的介绍，要多强调其功用及优于同类产品的种种特征等。

### [B] 적합한 단어를 넣으시오.

| 选择　设法　说服　特定　功用　激发 |
|---|

(1) 我方将____在规定期限内完成任务。

우리측은 방법을 강구해서 정해진 기한 내에 임무를 완수할 것이다.

(2) 我们希望您能_____一款适合您的产品。

우리는 당신이 당신에게 어울리는 제품을 선택할 수 있기를 바랍니다.

(3) 只有想办法_____他，才能办成这件事。

어떻게 해서든 그를 설득해야 이 일을 처리할 수 있다.

(4) 这种产品的_____优于其它同类产品。

이 제품의 기능은 동종의 다른 제품보다 낫다.

(5) 完成这个产品，需要一道_____的工序。

이 제품을 완성하려면 특정한 제조과정이 필요하다.

(6) 许多业余爱好都可以充分地____人的想象力。

많은 아마추어 애호가들도 충분히 사람들의 상상력을 불러일으킬 수 있다.

## 【第二讲】 마케팅 서신의 예문

### 【第一节】 학습요점

### [A] 다음 문장들을 해석해 봅시다.

(1) 近日，我们从驻韩大使馆商务处来信中获悉。

최근 우리는 주한대사관 경제참사처의 편지를 받고 알았습니다.

(2) 服装类商品属于我公司经营范围。

의류 제품은 우리 회사 영업 범주에 속합니다. 즉 "의류제품은 우리 회사가 취급하고 있는 업무입니다."

(3) 我们将乐于与贵公司就这类商品进行贸易方面的合作。

우리는 기꺼운 마음으로 귀사와 이 상품에 대해 무역 방면의 협력을 하겠습니다.

(4) 现随函寄上图文并茂的各款服装的介绍及报价单，仅供参考。

참고할 수 있도록 멋있는 각종 스타일 의상의 소개서 및 견적서를 첨부합니다.

(5) 欢迎来信联系。

연락을 기다리겠습니다.

(6) 恭候佳音。

기쁜 소식을 기다리겠습니다.

### [B] 다음 단어들의 용법을 파악해 봅시다.

(1) "从。。。获悉" : ___로 부터 ___을 알다

(2) "为了。。。有所。。。" : ___을 할 수 있도록

(3) "乐于" : 기꺼이 ___을 하다

(4) "极为" : 극히

(5) "图文并茂" : 원래의 뜻은 "그림과 글이 풍부하고 뛰어나다"의 뜻으로, 본문에서는 여러모로 제품이 우수하다는 것을 나타내는 성어로 사용되고 있다.

(6) "。。。且。。。" : 또한

## 【第二节】 각종 서신 예

예문一

### 推销服装函

韩国汉阳株式会社：

近日，我们从驻韩大使馆商务处来信中获悉，贵公司希望与我国经营服装的外贸公司建立业务联系。服装类商品属于我公司经营范围。所以我们将乐于与贵公司就这类商品进行贸易方面的合作。

我公司经营适合各年龄阶段人士需求的服装。且服装的颜色、面料、款式、种类均齐全，价位合理、做工精良、质量上乘，在国内外市场上赢得了极高的声誉。特别是在亚洲的许多国家极为畅销，深受消费者的喜爱。现随函寄上图文并茂的各款服装的介绍及报价单，仅供参考。

欢迎来信联系。

中国上海鸿业贸易公司

xxxx年xx月xx日

**의류 판촉에 관한 서신**

한국 한양주식회사 귀하,

최근 우리는 주한 대사관 경제참사처로부터 편지를 받고 귀사가 우리 나라의 의류를 취급하는 무역회사와 비즈니스 관계를 맺고 싶다는 것을 알았습니다. 의류는 우리 회사가 취급하고 있는 업무입니다. 그래서 우리는 기꺼운 마음으로 귀사와 이들 제품에 대해서 무역 방면의 협력을 했으면 합니다.

우리 회사는 각 연령층에 걸맞는 의류를 취급하고 있습니다. 또한 의복의 색, 원단, 디자인, 품종 별로 골고루 갖추어져 있으며 합리적인 가격, 우수한 공정, 뛰어난 품질로 인해 국내외 시장에서 지극히 높은 명성을 얻었습니다. 특히 아시아 여러 나라에서 최고의 인기상품이며, 소비자들의 많은 사랑을 받고 있습니다. 저희 회사의 우수한 각종 스타일의 제품 소개 및 견적서를 첨부하오니 참고하시기 바랍니다. 연락을 기다리겠습니다.

중국 상해홍업무역회사

****년**월**일

memo

예문二

## 推销毛纺织品函

中国上海鸿业贸易公司:

承蒙我国驻上海领事馆商务处将贵公司介绍给我们，并得知贵公司希望进口一批毛纺织品。我们荣幸地告知贵公司，我们将愿意与贵公司建立直接的业务关系。

我公司现经营丝绒挂毯、毛毯和纯毛地毯等毛纺织品。这类商品均制作精美，款式新颖、典雅华丽，色泽鲜艳， 品种齐全，价位适中，质地优良，特别是在亚洲市场上，极为畅销。为了使贵公司对我公司经营的上述产品的概况能有所了解，现随函附上产品的说明书和价目单各一份，供参考。

恭候佳音。

韩国汉阳株式会社

xxxx年xx月xx日

**모직제품의 판촉 서신**

중국 상해홍업무역회사 귀하,

상해 주재 한국영사관 경제참사처로부터 귀사를 소개받았습니다. 아울러 귀사가 모직 제품 수입을 희망하고 있다는 사실에 접했습니다. 저희는 귀사와 직접적인 비즈니스 관계를 원한다는 사실을 알려드리는 것에 대해 영광스럽게 생각합니다.

우리 회사는 현재 빌로드(Velvet) 벽걸이 융단, 털담요와 순모양탄자 등 모직제품을 취급하고 있습니다. 이들 제품은 정교한 제작, 참신한 디자인, 우아하고 화려함, 산뜻하고 아름다운 감각, 다양한 종류의 제품, 적합한 가격, 뛰어난 재질로 특히 아시아 시장에서 아주 높은 인기리에 판매되고 있습니다.

저희가 취급하고 있는 이들 제품에 대한 귀사의 이해를 돕고자 제품 설명서와 가격표를 각각 한 부씩 첨부하오니 참고하시기 바랍니다. 반가운 소식이 있기를 기다립니다.

한국 한양주식회사

****년**월**일

memo

## 生词

范例 fànlì: 범례

面料 miànliào: 원단

款式 kuǎnshì: 스타일이나 디자인

齐全 qíquán: 완비하다

种类 zhǒnglèi: 종류

精良 jīngliáng: 정교하고 우수하다, 나무랄 데 없다

声誉 shēngyù: 명성

参考 cānkǎo: 참고하다

纺织品 fǎngzhīpǐn: 방직품

荣幸 róngxìng: 영광이다

丝绒 sīróng: 빌로드(Velvet)

挂毯 guàtǎn: 벽걸이용 카펫트

毛毯 máotǎn: 담요

地毯 dìtǎn: 양탄자

新颖 xīnyǐng: 참신하다

典雅 diǎnyǎ: 우아하다

色泽 sèzé: 색채와 광택

质地 zhìdì: 품질이나 재질

价目单 jiàmùdān: 가격표

## 注释

(1) 从。。。获悉 : ___로 부터 ___한 소식을 알다. 즉 정보의 출처를 말한다.

a. 从天气预报中获悉，今天晚上将有暴雨。

일기예보로부터 오늘 저녁에 폭우가 올 것이라는 것을 알았다.

b. 从新闻上获悉，今天A股上涨了6%。

신문지상을 통해 오늘 A 주식시장이 6% 올랐다는 것을 알았다.

*A股는 중국인만을 위한 주식시장이며, B股는 외국인을 위한 주식시장이다.

(2) 为了。。。有所。。。: "___할 수 있도록"의 의미로, 어떤 행동의 목적을 설명할 때 사용한다.

a. 为了在研究方面有所成就，他付出了毕生的心血。

연구방면에서 성취를 거두기 위해 그는 필생의 심혈을 기울였다.

b. 为了使学生对外语的学习更感兴趣，我们的教学法将有所改变。

학생들이 외국어 학습에 대해 더 많은 흥미를 느낄 수 있도록 하기 위해 우리는 교수법을 바꿀 것이다.

(3) 乐于 : 기꺼이 ___을 하다

a. 小明是个热心的孩子，他总是乐于帮助别人。

小明은 열성적인 아이라 항상 기꺼운 마음으로 다른 사람을 도와 준다.

b. 我们很乐于与您的公司进行合作。

우리는 기꺼운 마음으로 귀사와 협력을 합니다.

(4) 极为 : 극히

a. 今天的会议极为重要，请各位认真准备。

오늘 회의는 매우 중요하니, 여러분들께서는 진지하게 준비해 주시기 바랍니다.

b. 这次谈判对我们来说极为重要。

이번 담판은 우리에게 매우 중요하다.

(5) 图文并茂 : 직역하면 "어떤 책의 도면과 문자가 모두 아름답고 뛰어나다"의 의미이다.

a. 这本菜谱中图文并茂地介绍了这道川菜的烹饪过程。

이 요리책은 이 사천요리의 요리 과정을 아름다운 그림과 글로 소개하였다.

b. 他们用图文并茂的方式对该产品进行了具体的说明。

그들은 아름다운 그림과 글로 이 제품에 대해 구체적으로 설명하였다.

(6) 。。。且。。。: 또한, 뿐만 아니라

a. 她很漂亮，且学习也很努力。

그 여자는 아름다울 뿐만 아니라 공부도 열심히 한다.

b. 这台电脑外形美观，且价位也适中。

이 컴퓨터는 외형이 아름다울 뿐만 아니라 가격도 적당하다.

복습

## 【第三节】

### [A] 다음 문장들을 다시 한 번 복습해 봅시다.

(1) 近日，我们从驻韩大使馆商务处来信中获悉。

(2) 服装类商品属于我公司经营范围。

(3) 我们将乐于与贵公司就这类商品进行贸易方面的合作。

(4) 现随函寄上图文并茂的各款服装的介绍及报价单，仅供参考。

(5) 欢迎来信联系.

(6) 恭候佳音。

### [B] 적합한 단어를 넣으시오.

| 荣幸　款式　种类　精良　参考　质地 |
|---|

(1) 能与贵公司合作，我们感到非常的____。

귀사와 협력을 할 수 있게 되어서 매우 영광스럽게 생각합니다.

(2) 这里的商品____繁多，让人目不暇接。

이 곳의 상품은 그 종류가 많아서 눈을 돌릴 수가 없다.

(3) 这条裙子____新颖，深受年轻人的喜爱。

이 치마는 디자인이 참신해서 젊은 사람들의 많은 사랑을 받고 있다.

(4) 关于这个问题的答案，你可以_____一下去年的考题详解。

이 문제의 답안에 대해 너는 작년도 시험문제 해석을 참고하면 된다.

(5) 这种手表做工_____, 经久耐用。

이 손목시계는 아주 정교하고 견고해서 오래 쓸 수 있다.

(6) 这种面料的_____柔软，让人感觉非常舒服。

이 원단의 재질이 부드러워서 아주 편안하다.

# 商业询价函及回复商业询价函

## 第 四 周

## 第四周

# 商业询价函及回复商业询价函

## 제품가격 문의서신 및 이에 대한 답신

**【내용소개】**

이번 주에는 가격문의 및 이에 대한 답신을 작성시 지켜야 할 기본원리, 기본형식과 작성방법에 대해 소개합니다

【第一讲】 가격문의 서신의 내용과 형식

【第二讲】 가격 문의서신 및 회답신의 예문

## 【第一讲】 가격문의 서신의 내용과 형식

### 【第一节】 학습요점

**[A] 다음 문장들을 해석해 봅시다.**

(1) "商业询价函"是买方向卖方询问某项商品交易条件所写的信函。

가격문의 서신은 구매자가 판매자에게 모종의 상품의 거래 조건을 문의하면서 쓰는 편지이다.

(2) 一般的询价函，买主可简单地向卖主说明自己所想要的即可。

일반적인 가격문의 서신은 구매자가 간단하게 판매자에게 자신이 원하는 것을 설명하면 된다.

(3) 具体的询价函，买主应要求卖主精确地报上价格和交易条件。

구체적인 가격문의 서신은 구매자가 판매자에게 정확하게 가격과 거래조건에 대해 견적을 내 줄 것을 요구해야 한다.

(4) 写询价函应该做到：礼貌、简短、具体、合理。

가격문의 서신을 작성할 때에는 예의 바르고, 간단하게, 구체적이고, 합리적으로 써야 한다.

(5) 询价函的正文必须简明扼要，使收信人一目了然。

가격문의 서신의 본문은 간단명료하면서도 핵심적인 내용을 쉽게 알 수 있도록 써서 상대방이 한 눈에 알아볼 수 있어야 한다.

(6) “回复商业询价函”是指：收到询问（询价、询购）函后回复对方的商业函。

가격문의 서신에 대한 회답신은 문의(가격문의나 구매문의) 서신을 받은 후 상대방에게 답신하는 비즈니스 서신이다.

## [B] 다음 단어들의 용법을 파악해 봅시다.

(1) “如果。。。那么。。。”: 만약 ___하다면, 그렇다면

(2) “。。。亦可。。。还可。。。”: ___해도 좋고, 또한 ___해도 된다.

(3) “如有。。。再。。。”: 만약 ___이 있으면, 다시

(4) “一目了然”: 일목요연하다

(5) “因为。。。所以。。。”: ___하기 때문에, 그래서___하다

(6) “。。。是。。。即。。。”: ___이다. 즉,

## 【第二节】 학습내용

## [A]

“商业询价函”： 是指买方向卖方询问某项商品交易条件所写的信函。即买主清楚、精确地向卖主说明己之所需。如：一般信息、商业目录、价目表、报价单、样品（或样本）、形式发票及交易条件等等。

가격 문의편지란 구입하고자 하는 측이 파는 측에 어떤 상품의 거래 조건에 대해 문의하는 편지이다. 즉, 구입자는 명확하고 정확하게 판매자에게 자신이 필요로 하는 바를 설명한다. 예를 들면, 일반적인 정보, 판매 목록, 가격표, 견적서, 샘플(혹은 견본), 송장 및 거래 조건 등등이다.

一般的询价函，买主可简单地向卖主说明自己所想要的即可。具体的询价函，买主应要求卖主精确地报上价格和交易条件。如果是首次询价，那么买主必须首先告知对方，自己是如何得知对方公司的名称的。其次则应该做一番自我介绍。最后要说明对哪些商品感兴趣，要求对方提供什么等等。写询价函应该做到：礼貌、简短、具体、合理。

일반적인 가격문의 서신은 구매자가 간단하게 판매자에게 자신이 원하는 것을 말하면 된다. 구체적인 가격문의 서신은 구매자가 판매자에게 정확하게 가격과 거래 조건에 대해 견적을 내 줄 것을 요구해야 한다. 만약 처음으로 가격을 문의하는 것이라면, 구매자는 먼저 상대방에게

자신이 상대방 회사의 이름을 어떻게 알게 되었는가에 대해 알려주어야 한다. 그 다음, 자기 소개를 해야 한다. 끝으로 어떤 상품에 대해 관심이 있다는 것을 말해주고, 어떠한 것을 제공할 수 있는가 등등에 대해 요구해야 한다. 가격문의 서신을 작성할 때에는 예의 바르게, 간단하게, 구체적이고 합리적으로 써야 한다.

## [B] 가격문의 서신의 내용과 형식

(1) 标题：在标题处应写明“询价函”。

제목: "가격문의 서신"임을 밝힌다.

(2) 称谓：在顶格处写上被询问者的名称。

호칭: 줄 맨 앞에 상대방의 명칭을 쓴다.

(3) 正文：写明买主向卖主索要的主要商品的目录单、价格表、商品样本等等。也可以用询价单或发订单的方式询问某项商品的具体情况。询价函的正文必须简明扼要，使收信人一目了然，同时亦可清楚地向卖方询问可以给予的折扣条件和要求的支付条件，还可询问对方所能提供的发货服务，最后应以友好的语句结尾。

본문: 구매자가 판매자에게 필요로 하는 주요 상품의 목록, 가격표, 견본 등에 대해 쓴다. 가격문의서 혹은 주문서 방식을 사용해서 어떤 상품의 구체적인 상황에 대해 문의해도 좋다. 가격문의 서신의 본문은 간단명료하면서도 요점을 파악할 수 있도록 써서 수신인이 일목요연하게 알아볼 수 있도록 해야 한다. 동시에 또한 해줄 수 있는 할인조건과 어떤 지불조건을 원하는 지에 대해 판매자에게 명확하게 문의해도 좋고, 또한 상대방이 제공할 수 있는 발송 서비스에 대해 알아봐도 된다. 끝으로 우호적인 언어로 끝을 맺어야 한다.

(4) 落款：写明发函公司的名称，并注明年、月、日。

발신인 이름: 발송회사의 명칭을 쓰고, 아울러 년월일을 표기한다.

## [C]

“回复商业询价函”：是指收到询问（询价、询购）函后回复对方的商业函。通常，因为询价函可以同时寄给几家供应商，所以回复询价函必须明确地说明自己货物的质量和价格均优于其它供应商等。写“回复商业询价函”必须精心策划、讲究措辞。还要做到：答复迅速、礼貌，并对询价人有帮助。

가격문의에 대한 답신이란 문의(가격문의, 구매문의) 서신을 받고 상대방에게 답신하는 비즈니스 서한이다. 통상 가격문의 서신은 동시에 몇몇 공급자에게 발송하기 때문에 회답신은 자신의 제품의 품질과 가격이 다른 공급상보다 우월하다는 사실 등을 명확하게 설명해야 한다. 회답신을 쓸 때에는 반드시 정성껏 기획하고, 알맞은 단어를 선택하도록 신경써야 한다. 그리고 또 신속하게 회신하고, 예의 바르게 쓰며, 아울러 가격문의하는 측에 도움이 되도록 해야 한다.

## [D] 회답신의 내용과 형식

(1) 标题：在标题处应写明“回复商业询价函”

제목: "제목 부분에 가격문의에 대한 회답신"이라고 쓴다.

(2) 称谓：在顶格处写明收函方的名称。

호칭: 줄 맨 앞에 수신인의 명칭을 쓴다.

(3) 正文：首先写明收到对方信函的日期及内容已完全悉知。其次对对方咨询的内容给予回复。此外，还要清楚地介绍有关商品的种种优点，并说明己方的支付条件和所能提供的发货服务。要强调自己公司的销售业绩、所报价格具有的竞争性，并明确地说明对方可能得到的折扣。最后也应以友好的话语或“如有问题，欢迎再提”等语句结尾。

우선 상대방의 편지를 받은 날짜 및 내용을 이미 완전히 파악하였음을 쓴다. 그 다음, 상대방이 문의한 내용에 대해 회답을 한다. 이 이외에 , 관련 제품의 여러 가지 우수한 점에 대해 명확하게 소개한다. 아울러 이쪽의 지불조건과 제공할 수 있는 발송서비스에 대해 설명한다. 이쪽 회사의 판매실적, 가격이 경쟁력을 갖추고 있음을 강조해야 하며, 아울러 상대방이 받을 수 있는 할인에 대해 명확히 설명해야 한다. 끝으로, 우호적인 말이나 혹은 "문제가 있으면 다시 제기해 주기 바랍니다" 등의 언어로 끝을 맺는다.

(4) 落款：写上发函公司的名称，并注明年、月、日。

발신인 이름: 발송하는 회사의 명칭을 쓰고, 아울러 년월일을 표기한다.

### 生词

询价 xúnjià: 가격을 문의하다

精确 jīngquè: 정확하다

一番 yìfān: 한 번

交易 jiāoyì: 교역, 거래
样本 yàngběn: 견본
发票 fāpiào: 송장
提供 tígōng: 제공하다
信息 xìnxī: 정보
索要 suǒyào: 요구하다
目录单 mùlùdān: 목록표
给予 jǐyǔ: 주다
支付 zhīfù:지불하다
发货 fāhuò: 제품을 발송하다
询购 xúngòu: 구매문의
讲究 jiǎngjiu: 중요시하다
措辞 cuòcí: 문맥에 맞는 단어를 선택하다
精心 jīngxīn: 정성들이다
策划 cèhuà: 기획하다
咨询 zīxún: 자문하다
业绩 yèjì: 업적. 실적

## 注释

(1) 如果。。。那么。。: 만약에 ___ 하다면. 그렇다면

a. 如果人人都能注意保护环境，那么我们的地球会更加美丽。

만약 사람들이 모두 환경보호에 신경을 쓴다면, (그렇다면) 우리 지구도 더 아름다워질 것이다.

b. 如果您能把价格降低5%，那么我们将增加20%的订购量。

만약 당신이 가격을 5% 인하해 줄 수 있다면, (그렇다면) 우리는 주문량을 20% 늘릴 것입니다.

(3) 。。。亦可。。。还可。。: ___도 되고, 또한 ___해도 된다.

a. 从北京到青岛非常方便。可以乘车，亦可乘船，还可乘飞机。

베이징에서 칭다오까지 가는 건 매우 편리하다. 차를 타도 되고, 배를 타도 되며, 또한 비행기를 타고 가도 된다.

b. 关于结算问题，我们可以支付现金 ,亦可用信用证来结算，还可以用银行托收的方式来解决。

결제문제에 관해 우리는 현금으로 지불해도 되고, 신용장으로 결산해도 된다. 또한 은행 위탁징수 방식으로 해결해도 된다.

(4) 如有。。。再。。。：만약 ___하다면, 다시

a. 如有必要，我将再去一趟贵公司。

필요하다면 나는 다시 한번 귀사에 갔다 오겠습니다.

b. 如有问题，请再来函商榷。

문제가 있다면, 다시 편지를 써서 협의하죠.

(5) 一目了然：일목요연하다

a. 产品说明书设计的很好，每个事项都一目了然。

제품설명서 디자인이 아주 잘 되어서 모든 항목이 일목요연하게 되어 있습니다.

b. 您的回函写得很清楚，一目了然。

당신의 답신이 아주 분명하고 일목요연하게 쓰여져 있습니다.

(6) 因为。。。所以。。。：___하기 때문에, 그래서

a. 因为我们做事很有效率，所以我们很快就完成了这个工作。

우리는 일을 매우 효과적으로 하기 때문에 이 일을 신속하게 완성하였습니다.

b. 因为天气原因，所以这批货物将不能按时到达目的港。

날씨 때문에 이 화물은 제 때에 목적지 항구까지 갈 수 없게 되었습니다.

(7) 。。。是。。。即。。。：___입니다. 즉,

a. 目前这种货物原材料的价格是历史最高价。即我们不能再以以前的价格继续提供货物了。

현재 이 물건의 원재료 가격이 역사상 가장 비쌀 때입니다. 즉, 이전 가격으로 계속해서 물건을 드릴 수가 없군요.

b. 银行托收是一种货款的支付形式。即由银行来代理收回应付的货款。

'은행 위탁징수'란 일종의 상품대금 지불방식입니다. 즉, 은행이 대신 지급해야 할 대금을 받아주는 방식입니다.

## 복습

### 【第三节】

### [A] 다음 문장들을 다시 한 번 복습해 봅시다.

(1) “商业询价函”是买方向卖方询问某项商品交易条件所写的信函。

(2) 一般的询价函，买主可简单地向卖主说明自己所想要的即可。

(3) 具体的询价函，买主应要求卖主精确地报上价格和交易条件。

(4) 写询价函应该做到：礼貌、简短、具体、合理。

(5) 询价函的正文必须简明扼要，使收信人一目了然。

(6) “回复商业询价函”是指：收到询问（询价、询购）函后回复对方的商业函。

### [B] 적합한 단어를 넣으시오.

| 询价　精确　信息　咨询　索要　业绩 |
|---|

(1) 在订货之前，我们要____地计算一下商品的成本价格。

물건을 주문하기 전에 우리는 상품의 원가를 정확하게 계산해야 한다.

(2) 我们不要急于订货，应先找几家公司______,然后再作决定。

물건을 급하게 주문하지 말고, 먼저 회사 몇 군데를 찾아 가격을 문의한 다음 그리고 나서 결정해야 한다.

(4) 在做决定之前，我们先要收集足够的_______。

결정을 내리기 전에 우리는 먼저 충분한 정보를 수집해야 한다.

(5) 下次去那家公司访问的时候别忘了_______一些相关的产品技术资料。

다음 번에 그 회사를 방문할 때 관련 된 상품의 기술자료를 잊지 말고 요청해야 한다.

(6) 在进军国外市场之前，我们应向一些专业的公司_____一下。

외국시장에 진입하기 전에 우리는 먼저 그 계통의 전문회사에 자문을 구해야 한다.

(7) 今年的______比去年有所增长，我们还要继续努力！

올해 업적은 작년보다 증가하였다. 우리는 그래도 계속해서 노력해야 한다.

## 【第二讲】 비즈니스 서신 및 이에 대한 회답신의 예문

### 【第一节】 학습요점

### [A] 다음 문장들을 해석해 봅시다.

(1) 我们从中国上海贸易总公司驻首尔分公司处得知：贵公司是经营服装进出口业务的贸易公司。

우리는 중국 상해무역 총공사의 서울 지사로부터 귀사가 의류수출입 업무를 취급하는 무역 회사임을 알았습니다.

(2) 我公司将愿意与贵公司建立直接的业务关系。

우리 회사는 귀사와 직접적인 업무 관계 맺기를 원합니다.

(3) 目前，我方有意进口贵公司的儿童系列服装。

현재, 우리측은 귀사의 아동용 의류를 수입할 의사가 있습니다.

(4) 望贵公司就下列条件报价。

귀사가 다음과 같은 조건에 대해 견적을 내주었으면 합니다.

(5) 我公司拟将考虑大批量订购。

우리 회사는 대량 주문을 고려할 예정입니다.

(6) 希望我们能有机会为您提供服务，并盼早来订单。

귀하를 위해 서비스를 제공할 기회가 있으면 합니다. 아울러 하루 빨리 주문서가 오기를 기대합니다.

### [B] 다음 단어들의 용법을 파악해 봅시다.

(1) "如果。。。将。。。": 만약 ___한다면, 장차 ___할 것이다

(2) "兹按。。。寄去。。。": 지금 ___에 의거하여, ___을 보냅니다

(3) "并": 아울러

## 【第二节】 각종 서신 예

예문一

### 询价函

中国上海鸿业贸易公司：

我们从中国上海贸易总公司驻首尔分公司处得知：贵公司是经营服装进出口业务的贸易公司。我公司将愿意与贵公司建立直接的业务关系。

目前，我方有意进口贵公司的儿童系列服装。望贵公司就下列条件报价：

单价价格

交货日期

结算方式

如果贵方的报价合理且具有竞争性，又能给予适当的优惠折扣，我公司拟将考虑大批量订购。

望速回复。

韩国汉阳株式会社

xxxx年xx月xx日

**견적의뢰 서신**

중국 상해홍업무역회사 귀하,

우리는 중국 상해무역총공사의 서울지사로부터 귀사가 의류수출입업무를 담당하는 무역회사라는 사실을 접했습니다. 우리 회사는 귀사와 직접적인 업무관계 맺기를 원합니다.

현재 우리는 귀사의 아동용 의류를 수입할 의사가 있습니다.

귀사께서는 다음과 같은 조건에 대해 오퍼(offer)를 내 주셨으면 합니다.

단가

물건 인도 날짜

결제 방식

만약 귀사의 견적이 합리적이고 타사에 비해 경쟁력이 있는 가격이고, 또한 적당한 우대와 할인을 해 주시면 우리 회사는 대량주문도 고려할 예정입니다. 조속한 회신을 기다립니다.

한국 한양주식회사

****년**월**일

memo

예문二

## 回复商业询价函

韩国汉阳株式会社：

贵公司xx月xx日询价函接悉。兹按贵公司要求，随函寄去儿童系列服装图解目录和具体的价目单，以及贵公司所需的其它详细资料。其中：

单价价格：每件25美元

交货日期：从xxxx年xx月xx日起，分三个月平均装运

结算方式：（货款）以保兑的、不可撤销的、凭即期汇票付款的信用证支付，信用证要在交货期前30天开立

如果贵公司订购量不少于3000套，我公司可给予八折优惠。希望我们能有机会为您提供服务，并盼早来订单。

如有问题，请来函。

中国上海鸿业公司

xxxx年xx月xx日

**견적의뢰에 대한 회신**

한국 한양주식회사 귀하,

귀사의 **월**일자의 오퍼 의뢰 서신 잘 받았습니다. 지금 귀사의 요구에 의거, 아동용 의류의 도해와 구체적인 가격표 및 귀사가 필요로 하는 기타 상세한 자료를 첨부합니다. 이 안에는 다음과 같은 내용이 포함되어 있습니다:

단가: 한 벌 당 미화 25불

물건 인도 날짜: ****년**월**일부터 3개월에 나누어 운송

결제방식 : 물건대금은 지불보장의, 철회불가 일람지급 신용장에 의한 지불조건입니다. 신용장은 물건인도 30일 전에 개설해야 합니다.

만약 귀사의 주문량이 3000벌 이상이면, 저희 회사는 20% 할인해 드릴 수 있습니다. 귀사를 위해 서비스를 제공할 수 있기를 희망하며, 신속한 주문을 기대합니다. 문제가 있으면 편지 부탁합니다.

중국 상해홍업회사

****년**월**일

memo

## 生词

分公司 fēngōngsī: 지사

有意 yǒuyì: ___할 뜻이 있다

系列 xìliè: 계열

结算 jiésuàn: 결산, 결제

适当 shìdàng: 적당한

优惠 yōuhuì: 우대

拟将 nǐjiāng: ___할 계획이다

大批量 dàpīliàng: 대량

价目单 jiàmùdān: 가격표, 가격목록

接悉 jiēxī: 받다

兹按 zī àn: 지금 ___에 의거하여

随函 suíhán: 편지에 ___을 첨부하다

图解 tújiě: 그림이나 도표로 설명하다

保兑 bǎoduì: 지불보장하다

撤销 chèxiāo: 없애다, 취소하다

即期 jíqī: 즉시의, 현금거래의 , 현금 지급의

汇票 huìpiào: 환어음

信用证 xìnyòngzhèng: 신용장

订单 dìngdān: 주문서

开立 kāilì: 작성하다

## 注释

(1) 从。。。得知。。。: ___로부터 ___을 알다

a. 从天气预报中得知，明天会下大雪。

일기예보로부터 내일 큰 눈이 올 것이라는 것을 알았다.

b. 从来信中得知，贵厂是当地相当有实力的企业。

편지를 통해 귀사가 현지에서 상당한 실력의 기업이라는 것을 알았습니다.

(2) 。。。与。。。建立。。。：___과 ___을 수립하다

a. 通过这次合作，我与小明建立了非常深厚的友谊。

이 번 합작을 통해 나는 소명과 매우 깊은 우정을 맺었다.,

b. 通过多次的谈判，我们和贵公司建立了长期合作的关系。

여러 차례의 담판을 통해 우리는 귀사와 장기협력 관계를 맺었습니다.

(3) 目前 : 현재, 목전에

a. 目前，计算机非常广泛地为人们使用。

현재 컴퓨터는 매우 폭넓게 사람들이 사용하고 있다.

b. 目前国内只有一家企业能生产这种产品。

현재 국내에는 오로지 한 기업만이 이런 제품을 생산할 수 있다.

(4) 如果。。。将。。。: 만약 ___한다면, 장차 ___할 것이다

a. 如果明天下雨，我们将不能如约到达。

만약 내일 비가 온다면 우리는 약속한 대로 도착할 수 없다.

b. 如果对方不答应我们的条件，我方将中止合同。

만역 상대방이 우리의 조건을 수락하지 않는다면 우리측은 계약을 중지시킬 것이다.

(5) 兹按。。。寄去。。。：지금 ___에 의거하여 ___을 부친다

a. 兹按合同的约定，寄去我的房产证明书。

지금 계약 약정에 의거하여 나의 부동산소유 증명서를 부친다.

b. 兹按贵公司的要求，寄去该产品的样品。

지금 귀사의 요구에 따라 이 제품의 샘플을 보냅니다.

(6) 。。。并。。。: 아울러

a. 我们完全同意并拥护这个决策。

우리는 전적으로 동의하며 아울러 이 결정을 옹호합니다.

b. 我们对贵公司的产品非常满意并计划大量订购。

우리는 귀사의 제품에 대해 매우 만족하며 아울러 대량 주문할 계획입니다.

## 복습

### 【第三节】

### [A] 다음 문장들을 다시 한 번 복습해 봅시다.

(1) 我们从中国上海贸易总公司驻首尔分公司处得知：贵公司是经营服装进出口业务的贸易公司。

(2) 我公司将愿意与贵公司建立直接的业务关系。

(3) 目前，我方有意进口贵公司的儿童系列服装。

(4) 望贵公司就下列条件报价。

(5) 我公司拟将考虑大批量订购。

(6) 希望我们能有机会为您提供服务，并盼早来订单。

### [B] 적합한 단어를 넣으시오.

| 有意　系列　结算　拟将　图解　订单 |
|---|

(1) 听了贵公司的介绍，我方将______与贵公司合作。

귀사의 소개를 듣고 우리 측은 귀사와 협력할 의사가 있습니다.

(2) 希望贵公司能诚实守信，按时______货款。

귀사가 성심껏 신용을 지켜 제 때에 물건 대금을 결제해 주기를 희망합니다.

(3) 今年我公司推出的这批_____产品，在市场上有很好的销路。

금년에 우리 회사가 출시한 이 계열의 제품은 시장에서 판로가 아주 좋습니다.

(4) 我们公司现在______把这种产品推向国际市场。

우리 회사는 현재 이런 제품을 국제시장에 내 놓을 예정입니다.

(5) 我们先要听听对方的报盘，才能决定是否下____。

우리는 먼저 상대방의 오퍼(offer)를 들어보고 나서야 주문을 낼 지 결정할 수 있다.

(6) 顾客可以根据说明书上的_____来进行操作。

고객들은 설명서에 그려져 있는 도해에 따라 조작하면 된다.

# 索取样品函和包装磋商函

## 第 五 周

第五周

# 索取样品函和包装磋商函

샘플 요청 편지와 포장에 관한 협의 편지

**【내용소개】**

이번 주에는 샘플요청 편지와 포장방식에 관한 협의서 작성시 지켜야 할 기본원리, 형식과 작성방식에 대해 소개합니다.

【第一讲】 샘플요청 서신과 포장방식에 관한 협의서 작성 내용과 형식

【第二讲】 샘플요청 서신과 포장에 관한 협의 서신의 예문

## 【第一讲】 샘플요청 서신과 포장방식에 관한 협의서 작성 내용과 형식

### 【第一节】 학습요점

**[A] 다음 문장들을 해석해 봅시다.**

(1) “索取样品函”是指：要求对方提供样本及样品所写的信件。

샘플 요청 서신은 상대방에게 카탈로그 및 샘플을 요청하며 작성하는 서한이다.

(2) 写明索取样本及样品的目的。

카탈로그 및 샘플을 요청하는 목적을 쓴다.

(3) 写明索取样本及样品的要求。

카탈로그 및 샘플을 요청하는 내용을 쓴다.

(4) “包装磋商函”是为磋商产品运输包装及销售包装而发出的信函。

“포장에 관한 협의 서신”이란 상품 운송 시 포장 및 판매 시 포장에 대해 논의하게 위해 발송하는 편지이다.

(5) 具体写明本方对所购买的产品包装方面的要求。

이쪽에서 구매하고자 하는 제품 포장 방면에 대한 요구를 구체적으로 쓴다 .

(6) 写明本方对产品的满意程度。

제품에 대한 우리 측의 만족도에 대해 쓴다.

## [B] 다음 단어들의 용법을 파악해 봅시다.

(1) "要求。。。提供。。。" : ___을 제공하도록 요구하다, 요청하다

(2) "写明对。。。要求" : ___에 대한 요구사항을 쓰다

(3) "为。。。而。。。" : "___을 위하여 ___을 하다" 여기서 而은 앞의 목적을 위해 어떤 동작을 한다 형태의 문장을 연결시켜주는 접속사의 역할

(4) "有关。。。标记" : ___에 관한 표기

(5) "存于。。。处" : ___에 보관하다, 놓다

(6) "禁放。。。上" : ___위에 놓지 마시오

## 【第二节】 학습내용

## [A]

"索取样品函"是指：要求对方提供样本及样品所写的信件。

샘플 요청 서신이란 상대방에게 카탈로그 및 샘플을 보내줄 것을 요청하기 위해 작성하는 서한이다.

## [B] 샘플요청 편지의 내용과 형식

(1) 标题：在标题处写明"索取样品函"。

제목: 제목 부분에 "샘플 요청 서한"이라고 쓴다.

(2) 称谓：在顶格处写明卖方的称谓。

호칭: 줄 맨 앞에 판매자의 호칭을 쓴다.

(3) 正文：

a. 写明索取样本及样品的目的。

b. 写明索取样本及样品的要求。

c. 应以"请贵方从速寄来样品、感谢贵方对此事的关照、期待回复"等语句作为结束语。

본문:

a. 카탈로그 및 샘플을 요청하는 목적을 쓴다.

b. 카탈로그 및 샘플에 관한 요구사항을 쓴다.

c. "신속히 샘플을 보내주실 것을 요청하며, 특별히 이 일에 관심을 기울여주시면 고맙겠으며, 답신을 기다립니다" 등의 말로 끝을 맺어야 한다.

(4) 落款：写明买方的名称，并注明年、月、日。

발신인 이름: 구매자 측의 이름을 쓰며, 아울러 년월일을 표기한다.

## [C] "包装磋商函"是指：为磋商产品运输包装及销售包装而发出的信函。

"포장에 관한 협의 서신"은 제품의 운송포장 및 판매포장에 관한 협의를 위해 발송하는 편지이다.

## [D] 포장에 관한 협의 서신의 내용과 형식

(1) 标题：在标题处写明"包装磋商函"。

제목: "포장에 관한 협의 서한"이라고 쓴다.

(2) 称谓：在顶格处写明卖方的名称。

줄 맨 앞에 판매자의 명칭을 쓴다.

(3) 正文：

a. 写明本方对产品的满意程度。

b. 具体写明本方对所购买的产品包装方面的要求。

c. 应以"望鼎力合作，谢谢"等语句作为结尾语。

본문:

a. 제품의 대한 이쪽의 만족도에 대해 쓴다.

b. 이쪽이 구매하고자 하는 제품의 포장방면에 대한 요구 사항을 쓴다.

c."긴밀한 협조를 기대하며 감사하다"는 내용의 말로 끝을 맺어야 한다.

(4) 落款：写明买方的名称，并注明年、月、日。

발신인 이름: 구매자의 명칭을 쓰며, 아울러 년월일을 표기한다.

## [E] 포장방면에서 많이 쓰이는 전문용어

(1) 包装容器 : 포장용기

袋 （Bag）: 주머니

麻袋 （Sack）: 마대

纸板箱 （Carton）: 판지로 된 종이박스

箱子 （Case）: 상자

盒子 （Box）: 박스

板条箱 （Crate）: 나무상자

桶 （Drum）: 드럼통

琵琶桶 （Barrel）: 가운데 부분이 불룩하고 입구는 좁은 형태의 통

大桶 （Hogshead）: 63~140 갤런들이 큰 통

小桶 （Keg）: 5~10갤런들이 작은 나무통

包 （Bale）: 가마니

听头 （Can or Tin）: 깡통

大玻璃瓶 （Carboy）: 큰 유리병

捆 （Bundle）: 꾸러미, 다발

(2) 货物标记 : 화물 표기

刷在出口货物上的货物标记主要有以下几种:

수출화물에 새기는 표기는 주로 다음과 같은 몇 가지가 있다:

收货人自己与众不同的标记。

물건을 받는 사람이 다른 사람과 구별하기 위해 표기

有关当局要求的官方标记。

당국이 요구하는 방식과 관련된 공식적인 표기

标明重量和容积。

중량과 용적을 나타내는 표기

(3) 特别指示或警告, 如:

특별한 지침이나 경고문이 새겨진 표기, 예를 들면:

此端向上 （THIS SIDE UP）: 이곳을 위쪽으로 해서 놓으시오

易碎物品 （FRAGILE）: 깨지기 쉬운 물품

切勿近热 （STOW AWAY FROM HEAT）: 열 근처에 놓지 마시오

禁用钩子 （USE NO HOOKS）: 갈고리 사용금지

存于阴凉处 （TO BE KEPT COOL）: 서늘한 곳에 보관하시오

小心轻放 （DO NOT DROP ）: 조심스럽게 가볍게 내려놓으시오

玻璃----小心 （GLASS WITH CARE）: 유리 __조심

顶端 （TOP）: 윗쪽

保持干燥 （KEEP DRY）: 건조하도록 유지

酸---当心 （ACLD---WITH CARE）: 산 ___취급주의

此端开启 （OPEN THIS END）: 이쪽을 여시오

禁放甲板上 （DO NOT STOW ON DECK）: 갑판 위에 놓지 마시오

易燃物品 （INFLAMMABLE）: 가연물품

在此起吊 （LIFT HERE）: 이쪽을 들어올리시오

## 生词

麻袋 mádài: 마대

纸板箱 zhǐbǎnxiāng: 판지로 만든 종이박스

板条箱 bǎntiáoxiāng: 나무상자

琵琶桶 pípatǒng: 바렐통

听头 tīngtou: 깡통

索取 suǒqǔ: 요청하다, 요구하다

磋商 cuōshāng: 협의하다

鼎力 dǐnglì: 강력하다

捆 kǔn: 묵은 다발, 단

标记 biāojì: 표기

容积 róngjī: 용적

此端 cǐduān: 이 쪽 끝

切勿 qièwù: 절대로 ____하지 마시오

钩子 gōuzi: 갈고리

顶端 dǐngduān: 꼭대기, 끝부분

禁用 jìnyòng: 사용을 금하다

开启 kāiqǐ: 열다

甲板 jiǎbǎn: 갑판

易燃 yìrán: 쉽게 불이 붙다

起吊 qǐdiào: 달아올리다

## 注释

(1) 要求。。。提供。。。: ___을 제공하도록 요구하다, 요청하다

a. 省上要求有关部门向灾区提供物资援助。

성 정부에서 관련 부서에 재난지구에 구호물자를 보내서 도와 줄 것을 요청하였다.

b. 贵公司要求我方提供该产品的样本。

귀사가 우리에게 이 제품의 카탈로그를 보내 줄 것을 요청하였습니다. .

(2) 写明对。。。要求 : ____에 대한 요구사항을 쓰다

a. 招聘方一般都会在招聘启事上写明对所招聘人员的要求。

모집하는 측에서는 일반적으로 모집공고에 모집하고자 하는 사람에 대한 요구사항을 쓰곤 합니다.

b. 请贵公司写明所需要产品的型号尺寸要求等。

필요로 하는 제품의 호수와 사이즈에 대한 요구 등을 써 주시기 바랍니다.

(3) 为。。。而。。。: ___을 위하여 ___을 하다. 为는 원인 또는 목적을 나타내며, 而은 그 목적을 위해서 어떤 일을 한다는 뜻을 나타내는 접속사.

a. 为我们此次合作的成功而干杯。

이번 협력의 성공을 위해 건배합시다.

b. 让我们为今后能长久地合作而努力。

금후 장기적인 협력을 위해 노력합시다.

(4) 有关。。。标记 : ___에 관한 표기

a. 有关服装尺寸的标记，请在外包装上注明。

복장 치수에 관한 표기는 바깥 포장에 표시해 주십시오.

b. 有关产品运输要求的标记，请写在包装箱上。

제품 운송요구에 관한 표기는 포장상자 위에 써 주십시오.

(5) 存于。。。处 : ___에 보관하다, 놓다

a. 我将书包存于超市的小件寄存处。

나는 책가방을 슈퍼의 물건보관소에 놓아 둘 것이다.

b. 运达目的港的货物将存放在贵公司指定的货品接收处。

목적지 항구까지 운송하는 화물은 귀사가 지정한 화물접수처에 내려 놓은 것입니다.

(6) 禁放。。。上 : ___위에 놓지 마시오

a. 这些货物禁放在甲板上。

이 화물들은 갑판 위에 놓아서는 안 된다.

b. 这些产品禁放于潮湿的环境中。

이들 제품은 습기찬 환경에 놓아 두면 안 된다.

복습

**【第三节】**

## [A] 다음 문장들을 다시 한 번 복습해 봅시다.

(1) "索取样品函"是指：要求对方提供样本及样品所写的信件。

(2) 写明索取样本及样品的目的。

(3) 写明索取样本及样品的要求。

(4) "包装磋商函"是为磋商产品运输包装及销售包装而发出的信函。

(5) 具体写明本方对所购买的产品包装方面的要求。

(6) 写明本方对产品的满意程度。

## [B] 적합한 단어를 넣으시오.

| 索取　磋商　鼎力　切勿　禁用　开启 |
|---|

(1) 对方公司来信说想要______产品的相关资料。

상대방 회사가 편지를 보내와서 제품과 관련된 자료를 요청하고자 한다고 합니다.

(2) 我们这次合作能够顺利成功，多亏贵公司的______相助。

우리의 이번 협력이 순조롭게 될 수 있었던 것은 귀사의 강력한 도움때문이었습니다.

(3) 下周我们将去中国，与贵公司进行具体的_____。

다음 주 우리는 중국에 가서 귀사와 구체적인 협의를 진행하려고 합니다.

(4) ______将产品放置于潮湿的环境中。

절대로 제품을 습기찬 곳에 놓아두지 마십시오.

(5) 收到货物以后，请先仔细阅读说明书，然后再_____物品的包装。

물건을 받은 후 우선 자세하게 설명서를 읽어본 다음, 제품의 포장을 여세요.

(6) 该产品_____化学洗剂进行清洗。

이 상품은 화학세제로 닦으면 안 됩니다.

## 【第二讲】 샘플요청 서신과 포장방식에 관한 협의서 작성 내용과 형식

### 【第一节】 학습요점

### [A] 다음 문장들을 해석해 봅시다.

(1) 贵公司的前一批货物销售极佳，颇受好评。

귀사의 지난 번 상품들은 판매가 아주 잘 되었으며 커다란 호평을 받았습니다.

(2) 为此我公司意欲扩大经营范围。故烦请给我方邮寄下述样品。

이 때문에 우리 회사는 영업 영역을 넓히고자 하오니, 번거롭지만 우리에게 다음과 같은 샘플을 보내 주십시오.

(3)请附上有关的图片资料、样品价格、尺码说明等，以供我们查看、宣传。

우리가 검토해 보고 광고할 수 있도록 관련 도해 자료, 샘플가격, 사이즈 설명서 등을 첨부해 주십시오.

(4) 我方将拟定大批量地向贵方订货。

우리는 귀하에게 대량으로 주문할 예정입니다.

(5) 我方对贵方产品的质量、价格、支付条件、交货日期等均感满意。但我们对产品的包装还有一些特别的要求。

우리는 귀측의 제품의 품질, 가격, 지불조건, 인도날짜 등에 대해 모두 만족합니다. 허나 제품의 포장에 대해서는 아직 특별한 요구사항이 몇 가지 있습니다.

(6) 如果贵方对包装还有何特殊要求，请速告知。

만약 귀측이 포장에 대해 어떤 특수한 요구사항이 있으면 신속히 알려 주십시오.

### [B] 다음 단어들의 용법을 파악해 봅시다.

(1) "极佳" : 극히 좋다

(2) "。。。对。。。有。。。要求" : ___에 대해 ___한 요구가 있다

(3) "。。。对。。。关注" : ___에 대해 관심을 갖다

(4) "以供" : ___써, ___을 제공하다

(5) "然后" : 연후에

(6) “。。。确保。。。顺抵。。。”：확실히 ___할 수 있도록 해서, 순조롭게 ___에 도달하도록 하게 하다

## 【第二节】 각종 서신 예

예문一

### 索取样品函

中国上海鸿业贸易公司：

贵公司的前一批货物销售极佳，颇受好评。为此我公司意欲扩大经营范围。故烦请给我方邮寄下述样品：

1）儿童系列服装（6到8岁）　两套

2）中老年休闲系列服装　两套

并请附上有关的图片资料、样品价格、尺码说明等，以供我们查看、宣传。如果消费者反映良好，我方将拟定大批量地向贵方订货。具体事宜日后联系。感谢贵方对此事的关照，期待回复。

即颂

大安

韩国汉阳株式会社

xxxx年xx月xx日

## 샘플요청신

중국 상해홍업무역회사 귀하,

귀사가 지난 번에 보내주신 제품은 판매가 아주 잘 되어서 많은 호평을 받았습니다. 때문에 우리 회사는 영업 범위를 넓히고자 하오니 번거롭지만 다음과 같은 샘플을 보내주시기 바랍니다.

1) 아동복 (6세부터 8세까지) 두 벌

2) 장년층과 노년층 레져복 두 벌

아울러 우리가 검토해 보고 광고할 수 있도록 관련 도해자료, 샘플가격, 치수설명서 등도 첨부해 주십시오. 만약 소비자들의 반응이 좋으면 우리는 대량으로 주문할 예정입니다. 구체적인 사항은 후에 연락하지요. 이번 일에 대해 관심을 기울여주신 것에 대해 감사드리며 답신을 기다리겠습니다. 평안을 빌며,

한국 한양주식회사

****년**월**일

memo

예문二

## 包装磋商函

上海鸿业贸易公司：

贵公司xx月xx日来函已详悉。我方对贵方产品的质量、价格、支付条件、交货日期等均感满意。但我方对产品的包装还有一些特别的要求。

我方希望将硬纸盒包装改成聚乙烯袋包装（每件成衣用一个聚乙烯袋）。并且采用悬挂式包装，再加上使用说明。在包装袋上请用中文、英文、韩文印刷上洗涤和熨烫标志。运输包装则用瓦楞纸板箱，以便于长途海洋运输。

望鼎力合作，顺致谢意！

韩国汉阳株式会社

xxxx年xx月xx日

**포장에 관한 협의 서신**

상해홍업무역회사 귀하,

귀사의 **월**일 편지는 이미 잘 읽어보았습니다. 우리는 귀사 제품의 품질, 가격, 지불조건, 물건 인도 날짜 등에 대해 모두 만족합니다. 하지만 제품포장에 대해서는 별도의 요구 사항 몇 가지가 있습니다.

우리는 종이상자 포장 대신에 폴리에틸렌 각개 포장으로 바꾸었으면 합니다. 또한 걸어 놓을 수 있는 포장으로 했으면 하며, 사용설명서를 넣었으면 좋겠습니다. 포장지 위에는 중국어, 영어, 한국어로 세탁과 다리미질 표시를 인쇄해 주십시오. 운송 포장은 장거리 해상운송에 편리하도록 골판지 상자로 해 주십시오. 긴밀한 협조를 바라면서, 감사의 뜻을 표합니다.

한국 한양주식회사

****년**월**일

memo

예문三

## （ 回复 ）包装磋商函

韩国汉阳株式会社：

感谢贵方xx月xx日函。从来函中我们获悉贵方对包装的一些要求。我方现已根据贵方的要求进行了改进，并保证采取一切可能的手段，将确保产品以最佳状态顺抵目的港。

按照贵方的要求，我方的成衣包装如下：采用悬挂式包装，并附有使用说明。在包装袋上用中文、英文、韩文印刷上洗涤和熨烫标志。且每件成衣用一个聚乙烯袋包装。每十二件装一瓦楞纸板箱，每个箱子都会用聚乙烯纸衬里，然后再用胶带封口。每个纸箱上都标有“保持干燥”、“注意防潮”、“注意防火”、“小心轻放”等字样，最后在集装箱上，刷上唛头和批号。

如果贵方对包装还有何特殊要求，请速告知。期待早日收到贵方的订单。

敬颂

业务兴隆

上海鸿业贸易公司

xxxx年xx月xx日

**포장협의서신에 대한 답신**

한국 한양주식회사 귀하,

귀측의 **월**일 편지에 감사드립니다. 서신을 통해 포장에 대한 요구사항을 잘 알았습니다. 우리는 이미 귀측의 요구에 따라 조정을 했으며, 모든 가능한 수단을 동원할 것을 약속드리며, 제품이 가장 좋은 상태로 목적지 항구까지 갈 수 있도록 하겠습니다.

귀측의 요구에 따라 우리는 기성복 포장을 다음과 하겠습니다: 걸기식 포장을 하며, 사용설명서가 첨부될 것입니다. 포장 위에는 중국어, 영어, 한국어로 세탁과 다리미질 표시를 인쇄합니다. 또한 매 팩마다 각각 폴리에틸렌 포장을 합니다. 골판지 한 상자에 12팩씩 담을 것이며, 모든 상자에는 폴리에틸렌지로 덧대며, 다시 테이프로 봉하겠습니다. 모든 상자마다 "건조유지" "습기주의" "불조심" "취급주의" 등의 글자를 표시하며, 끝으로 컨테이너 위에 화물표식과 화물번호를 표시하겠습니다. 만약 포장에 대해 어떤 다른 특별한 요구사항이 있으시면, 신속히 알려주십시오. 빠른 시간 내에 귀측의 주문을 기대합니다. 사업이 번창하기를 빌며,

상해 홍업무역회사

****년**월**일

memo

## 生词

颇受 pōshòu: 매우 ___을 받다
意欲 yìyù: 하고자 하다
拟定 nǐdìng: 초안 등을 세우다, 입안하다, __할 계획이다
详悉 xiángxī: 자세히 알다
印刷 yìnshuā: 인쇄하다
洗涤 xǐdí: 세탁
熨烫 yùntàng: 다리미질
标志 biāozhì: 표시
瓦楞 wǎléng: 골판지
顺致 shùnzhì: 편지 말미에 ___하기를 바란다는 인사말
手段 shǒuduàn: 수단
状态 zhuàngtài: 상태
衬里 chènlǐ: 안감
胶带 jiāodài: 테이프
封口 fēngkǒu: 밀봉하다
字样 zìyàng: 글자
唛头 màitóu: shipping mark, 화물표식, 간단한 도형이나 숫자 등으로 운송화물을 쉽게 식별할 수 있도록 하는 표식
批号 pīhào: 제품번호
兴隆 xīnglóng: 흥성하다, 번창하다

## 注释

(1) 极佳 : 극히 좋다

a. 这几位选手们在赛场上表现极佳。

이 몇몇 선수들은 시합장에서 성적이 매우 우수하다.

b. 这些产品的口碑极佳。

이들 제품의 평판이 아주 좋다.

(2) 。。。对。。。有。。。要求：___에 대해 ___한 요구가 있다

a. 我方对产品的质量有严格的要求。

우리 측은 제품 품질에 대해 요구가 엄격하다.

b. 贵方对该产品的测量精度有着严格的要求。

귀측은 이 제품의 검사정밀도에 대해 요구사항이 엄격합니다.

(3) 。。。对。。。关注：___에 대해 관심을 갖다

a. 我国政府对这一地区事态的发展表示关注。

우리나라 정부는 이 지역 사태의 추이에 대해 관심을 나타내었다.

b. 我们对他在大赛中的表现非常关注。

우리는 그가 시합에서 거둘 성적에 대해 매우 관심이 많다.

(4) 。。。以供。。。： 직역을 하면 " ___써, ___을 제공하다"의 뜻이 되지만 실제로 번역을 할 때 "___할 수 있도록"하는 게 자연스럽다.

a. 中国有非常丰富的再生资源以供开发利用。

중국은 개발하고 이용할 재생자원이 매우 풍부하다.

b. 请提供机器的备件，以供应急时替换使用。

급할 때 교체해서 사용할 수 있도록 기계의 예비부속품을 제공해 주십시오.

(5) 然后：연후에

a. 请先寄下列样品，然后我们再做进一步的磋商。

먼저 다음에 열거한 샘플을 보내 주십시오. 그리고 나서 다시 협의를 계속해서 진행하죠.

b. 我们先去参观一下厂房，然后再作决定。

우리 먼저 작업장을 참관하고, 그리고 나서 결정하죠.

(6) 。。。确保。。。顺抵: 확실히 ___할 수 있도록 해서, 순조롭게 ___에 도달하도록 하게 하다

a. 大家要努力确保每位登山者的安全，使他们都能顺抵目的地。

모든 등산가들의 안전을 확보해서 그들이 목적지에 순조롭게 도착할 수 있도록 모두가 노력해야 한다.

b. 我们要想尽一切办法确保货物能顺抵目的港。

우리 모든 방법을 다해서 물자가 순조롭게 목적지 항구에 도달할 수 있도록 해야 한다.

복습

**【第三节】**

## [A] 다음 문장들을 다시 한 번 복습해 봅시다.

(1) 贵公司的前一批货物销售极佳，颇受好评。

(2) 为此我公司意欲扩大经营范围。故烦请给我方邮寄下述样品。

(3) 请附上有关的图片资料、样品的价格、尺码说明等，以供我们查看、宣传。

(4) 我方将拟定大批量地向贵方订货。

(5) 我方对贵方产品的质量、价格、支付条件、交货日期等均感满意。但我们对产品的包装还有一些特别的要求。

(6) 如果贵方对包装还有何特殊要求，请速告知。

## [B] 적합한 단어를 넣으시오.

| 拟定　印刷　标志　手段　状态　兴隆 |
|---|

(1) 希望您能预先______一份详细的可行性报告。

당신이 먼저 실행 가능성에 대한 상세한 보고서를 입안할 수 있기를 바란다.

(2) 每箱产品的包装都要采用相同的______图案。

제품의 모든 포장상자에는 모두 같은 인쇄 도안을 해야 한다.

(3) 带有免检_____的产品，是质量相当过关的产品。

검사면제 표지가 붙어있는 제품은 품질 기준을 상당히 넘어선 제품들이다.

(4) 这台机器的运行_____不是很正常，希望厂家派人来维修。

이 기계의 가동 상태가 정상이 아니다. 제조회사에서 사람을 보내어 수리했으면 합니다.

(5) 看到您的公司生意______，我们也非常高兴。

당신 회사 사업이 잘 되는 것을 보니 우리도 매우 기쁩니다.

(6) 对于不同的情况，要通过不同的______来处理。

상황에 따라 각기 다른 수단을 써서 처리해야 한다.

중·고급 강독을 겸한 中韓무역서신 HALLYM UNIVERSITY

# 报盘函

## 第六周

# 报盘函

## 오퍼(Offer) 서신

**【내용소개】**

이번 주에는 오퍼서신 또는 견적서 작성시 지켜야 할 기본원리, 작성내용과 형식에 대해 소개합니다.

【第一讲】 오퍼서신의 내용과 형식

【第二讲】 오퍼서신의 예문

## 【第一讲】 오퍼서신의 내용과 형식

### 【第一节】 학습요점

#### [A] 다음 문장들을 해석해 봅시다.

(1) 报盘(Offer)又称报价、发价、发盘、出价。:

'报盘(오퍼를 내다)'는 '报价', '发价', '发盘', '出价' 라고도 한다.

(2) 报盘通常由卖方发出，个别情况也可由买方主动发出（称为递盘）。

오퍼(offer)는 통상 판매자가 제시하는데, 개별적 상황에 따라 구매자가 먼저 제시할 수도 있다. 이를 '递盘', 즉 "오퍼를 제시하다"라고 한다.

(3) "报盘函"是指：卖方向买方提供商品的有关交易条件的信函。

"오퍼서신"이란 판매자가 구매자에게 상품의 교역과 관련된 조건을 제시하는 편지이다.

(4) 说明询价函已收到，并对询价表示感谢。

가격문의에 관한 편지를 이미 받았음을 설명하고, 아울러 이에 대한 감사의 말을 쓴다.

(5) 介绍产品的概况，包括产品的名称、品质、规格、包装、价格、交货期、运输方式、可供数量、支付方式等内容。

제품의 명칭, 품질, 규격, 포장, 가격, 인도시기, 운송방식, 제공할 수 있는 수량, 지불 방식 등의 내용을 포함하는 제품의 개요를 소개하다.

(6) 写明报盘的有效期限。

오퍼내용의 유효기한을 쓰다.

## [B] 다음 단어들의 용법을 파악해 봅시다.

(1) “。。。又称。。。”：___라고도 한다

(2) “由。。。发出”：___가 ___을 발송하다

(3) “不得”：동사 앞에 붙어서 “ ___을 할 수 없다”의 의미를 갖는다.

(4) “有关”：___과 관련된

(5) “包括”：___을 포함하다

(6) “能被。。。接受”：___에 의해 받아들일 수 있다

## 【第二节】 학습내용

## [A] 오퍼서신의 내용과 형식

(1) 报盘(Offer)又称报价、发价、发盘、出价。报盘通常由卖方发出，个别情况也可由买方主动发出（称为递盘）。

'오퍼'는 또한 报价, 发价, 发盘, 出价라고도 한다. 오퍼는 통상 구매자가 발송하며, 개별적 상황에 따라 구매자가 먼저 제시할 수도 있다. 이를 '递盘', 즉"오퍼를 제시하다"라고 한다.

(2) 报盘可分为：(a) 实盘（Firm Offer），即指报盘人愿意在规定的期限内按所提条件达成交易，报盘人在有效期限内不得随意撤回或修改报盘内容。如果买方在有效期内，接受卖方的交易条件，那么交易即告成功。在报盘有效期内，其内容对双方都具有法律约束力。但有效期一过，报盘的效力即告消失。

오퍼는 두 가지로 나눌 수 있다: (a) 확정 오퍼, 즉 오퍼를 내는 사람이 규정된 기한 내에 제시된 조건에 따라 거래가 이루어지기를 원하는 오퍼를 가리키며, 유효기간 내에는 마음대로 오퍼의 내용을 철회하거나 수정할 수 없다. 만약 구매자가 유효기간 내에 판매자의 거래조건을 수락한다면 거래는 즉시 이루어 지는 것이다. 오퍼 유효기간 내에 그 내용은 쌍방에 대해 모두 법률적 구속력을 갖는다. 그러나 유효기간이 지나면 오퍼의 효력은 즉시 소멸된다.

(b) 虚盘（Free Offer or Non-firm Offer）指报盘人所作的非承诺性表示，不

限定期限，常以“须经我方最后确认”为条件。虚盘对发盘人没有法律上的约束力，可以随时变更。

(b) 비확정 오퍼란 오퍼를 낸 사람의 비승낙적 의사표시를 가리키며, 기한을 한정하지 않고 보통 우리 측의 최종적인 확인을 거쳐야 함을 조건으로 한다. 비확정 오퍼는 오퍼를 낸 사람에 대해 법률적인 구속력은 없어서 수시로 바꿀 수 있다

(3) “报盘函”是指：卖方向买方提供商品的有关交易条件的信函。

“오퍼서신”은 판매자가 구매자에게 상품의 교역과 관련된 조건을 제시하는 서신이다.

## [B] 报盘函的写作内容与格式 : 오퍼서신의 내용과 형식

(1) 标题： 在标题处写明：“报盘函”

제목: 제목부분에 ‘오퍼서신’이라고 쓴다.

(2) 称谓：在顶格处写明接受报盘者的名称。

호칭: 줄 맨 앞에 오퍼를 받는 측의 명칭을 쓴다.

(3) 正文：

a. 说明询价函已收到，并对询价表示感谢。

b. 介绍产品的概况，包括产品的名称、品质、规格、包装、价格、交货期、运输方式、可供数量、支付方式等内容。

c. 写明报盘的有效期限。

d. 最后写明希望该报盘能被对方接受，并以“恭候佳音”、“请早日回复”等做结束语。

본문

a. 가격문의에 관한 편지를 이미 받았음을 설명하고, 아울러 이에 대한 감사의 말을 쓴다.

b. 제품의 명칭, 품질, 규격, 포장, 가격, 인도시기, 운송방식, 제공할 수 있는 수량, 지불방식 등의 내용을 포함하는 제품의 개요를 소개한다.

c. 오퍼의 유효기간을 쓴다.

d. 끝으로, 오퍼의 내용을 상대방이 받아들일 수 있기를 희망한다는 내용을 쓰고, 아울러 “좋은 소식을 기다립니다,”“속히 회신해 주십시오”등의 말로 끝을 맺는다.

(4) 落款： 写明报盘者的名称，并注明年、月、日。

발신인 이름: 오퍼를 내는 사람이나 조직의 명칭을 쓰며, 아울러 년월일을 표기한다.

## 生词

报盘 bàopán: offer를 내다

发价 fājià: 가격을 내다, 견적을 내다

发盘 fāpán: offe를 알려주다

递盘 dìpán: 가격, 지불방법, 제품인도시기 등의 조건을 제시하다

虚盘 xūpán: 비확정 오퍼

期限 qīxiàn: 기한

达成 dáchéng: 달성하다

有效 yǒuxiào: 유효한

随意 suíyì: 마음대로, 임의로

撤回 chèhuí: 철회하다

约束力 yuēshùlì: 구속력

效力 xiàolì: 효력

承诺 chéngnuò: 승낙하다, 대답하다

限定 xiàndìng: 한정하다

变更 biàngēng: 변경하다

概况 gàikuàng: 개황, 개요

名称 míngchēng: 명칭

品质 pǐnzhì: 품질

规格 guīgé: 규격

可供数量 kěgòngshùliàng: 공급할 수 있는 수량

## 注释

(1) ) 。。。又称。。。: ___라고도 한다.

a. 西红柿，又称番茄，是一种营养丰富的果蔬。

西红柿 (토마도)는 番茄라고도 하며, 영양이 풍부한 채소이다.

b. 菠萝，又称凤梨，是一种热带水果。

菠萝(파인애플)은 凤梨라고도 하며, 열대과일의 일종이다.

(2) 由。。。发出：___에서 ___을 발송하다

a. 您的货物已由烟台发出，请注意查收。

당신의 화물은 이미 연대에서 발송하였으니, 주의있게 살펴보시기 바랍니다.

b. 您的快递已于今天下午由本营业所发出。

당신에게 보내는 속달은 이미 오늘 오후 이곳 영업소에서 발송하였습니다.

(3) 。。。不得。。。：동사 앞에 붙어서 "___을 할 수 없다"의 의미를 갖는다.

a. 办公区域，非请不得入内。

사무실에는 허가없이 들어올 수 없다.

b. 本机器非专业工作人员不得擅自拆卸。

이 기계는 전문적인 작업요원이 아니면 마음대로 해체할 수 없다.

(4) 有关：___과 관련된

a. 我在网上搜索到许多有关大熊猫的资料。

나는 인터넷에서 팬더와 관련된 많은 자료를 검색하였다.

b. 那份资料里有与这个产品有关的信息。

그 자료에는 이 제품과 관련된 정보가 들어있다.

(5) 包括：___을 포함하다

a. 网上交易，包括订购、付款、发货和查收四个环节。

온라인 거래는 구매, 지불, 발송과 수신의 네 과정을 포함한다.

b. 这篇论文包括序论、本论和结论三个部分。

이 논문은 서론, 본론과 결론 세 부분을 포함한다.

(6) 能被。。。接受：：___에 의해 받아들일 수 있다

a. 这个价位能被一般普通的消费者接受。

이 가격수준은 일반 보통 소비자들이 받아들일 수 있는 금액이다.

b. 我们的产品能被众多的客户接受。

우리 제품은 많은 고객들이 받아들일 수 있다.

복습

【第三节】

## [A] 다음 문장들을 다시 한 번 복습해 봅시다.

(1) 报盘(Offer)—–又称报价、发价、发盘、出价。

(2) 报盘通常由卖方发出，个别情况也可由买方主动发出（称为递盘Bid）。

(3) "报盘函" 是指：卖方向买方提供商品的有关交易条件的信函。

(4) 说明询价函已收到，并对询价表示感谢。

(5) 介绍产品的概况，包括产品的名称、品质、规格、包装、价格、交货期、运输方式、可供数量、支付方式等内容。

(6) 写明报盘的有效期限。

## [B] 적합한 단어를 넣으시오.

| 报盘　期限　达成　有效　承诺　品质 |
|---|

(1) ______就是针对对方公司的询盘进行的答复。

오퍼는 상대방 회사의 가격문의에 대한 답신이다.

(2) 经过几天的谈判，我们终于在这个问题上______了共识。

며칠간의 담판 끝에 우리는 드디어 이 문제에 대해 인식을 같이 했다.

(3) 如果超过了交货的_____，贵公司就应对我方进行相应的赔偿。

만약 물품 인도 기한이 지나면 귀사는 우리 측에 그에 상응하는 배상을 해야 합니다.

(4) 经过公证的合同是_____的合同，所以双方都应严格遵守合同中的各项条款要求。

공증을 거친 계약은 효력이 있는 계약이다. 따라서 쌍방은 엄격히 계약서 상의 각 조항의 요구사항을 지켜야 한다

(5) 我们的产品_____优良，在国内外享有盛誉。

우리 제품은 품질이 우수해서 국내외에서 명성을 누리고 있다.

(6) "一切为了顾客" 是我们公司对您永远不变的______。

"모든 것은 고객을 위하여"가 당신에 대한 우리 회사의 영원불변의 약속입니다.

## 【第二讲】 오퍼서신의 예문

### 【第一节】 학습요점

### [A] 다음 문장들을 해석해 봅시다.

(1) 贵公司xx月xx日的“询价函”已收悉，谢谢!

귀사의 **월**일자의 가격의뢰서한은 이미 잘 받아 보았습니다. 감사합니다.

(2) 兹就贵方要求，报盘（此盘无约束力）如下:

지금 귀측의 요구에 대해 다음과 같이 오퍼를 냅니다(이 오퍼는 구속력이 없습니다):

(3) 装运日期: 从xxxx年xx月xx日起，分三个月平均装运。

적재 및 운송 날짜: ****년**월**일부터 3개월에 나누어 균등 발송합니다.

(4) 运输方式: 集装箱运输（海运）。

운송방식: 컨테이너 화물(해운)

(5)（货款）以保兑的、不可撤销的、凭即期汇款票的信用证支付，信用证要在交货期前30天开立。

(상품대금)은 지불보장의 철회불가, 일람불 환어음(신용장에 의해 즉시 현금을 지불하는 방식)방식으로 지불하며, 신용장은 물건 인도하기 전 30일 전에 개설해야 합니다.

(6) 我方对此实盘不能保留太久，所以该报盘的有效期为: 一个星期。敬请早日订购!

우리는 이 확정 오퍼의 조건에 대해 오랫동안 해 드릴 수 없으며, (따라서) 이 오퍼의 유효기간은 일주일입니다. 하루 빨리 주문해 주시기 바랍니다.

### [B] 다음 단어들의 용법을 파악해 봅시다.

(1) “兹就。。。要求” : 지금 ___의 요구에 대해

(2) “如下” : 다음과 같다.

(3) “从。。。起” : ___부터

(4) “极具” : 매우 ___을 갖추고 있다

(5) “以便” : ___할 수 있도록

(6) “以。。。为准” : ___으로써 기준으로 삼다

## 【第二节】 각종 서신 예

예문一

### 盘函（ 虚盘 ）

韩国汉阳株式会社：

贵公司xx月xx日的“询价函”已收悉，谢谢！兹就贵方要求，报盘（此盘无约束力）如下：

商品：儿童系列服装

规格：染色运动套装（100%棉，寸密：133x72），型号PMC8--716718，长袖（夹克式衣裤）、短袖（T恤衣裤），无口袋

颜色：蓝色

包装：每一个聚乙烯袋，装一件成衣。 每十二件装一瓦楞纸板箱。（包装要求也可由买方选择）

价格：每套25美元（不含包装费）

数量：2000套

装运日期：从xxxx年xx月xx日起，分三个月平均装运。（上海黄埔港装船）

运输方式：集装箱运输（海运）

支付方式：（货款）以保兑的、不可撤销的、凭即期汇款票的信用证支付，信用证要在交货期前30天开立

我方报价极具竞争力，如果贵公司订购量不少于3000套，我方可给予（八折）优惠。贵方若认为上述报盘符合贵公司的要求，请来传真或电子邮件，以便我方确认。

盼复

中国上海鸿业贸易公司

xxxx年xx月xx日

## 오퍼서신(비확정)

한국 한양주식회사 귀하,

귀사의 **월**일자 오퍼의뢰서 잘 받아 보았습니다. 감사합니다. 지금 귀하가 요청하신 내용(이 견적은 구속력이 없습니다)에 대해 다음과 같이 오퍼를 내는 바입니다.

상품 : 아동복

규격 : 염색한 아동복 세트 (100% 면, 밀도 : 133x72), 타입 PMC8716718, 긴 소매 (재킷형 상하의), 짧은 소매 (T셔츠 상하의), 주머니 없음

색깔 : 남색

포장 : PVC 팩에 한 벌씩 포장함. 12팩 단위로 1 칼톤(carton, 골판지 상자)에 포장 (포장방식에 대한 요구사항은 구매자측이 선택할 수도 있음)

가격 : 한 벌당 미화 25불 (포장비 불포함)

수량 : 2000벌

적재 및 운송날짜 : ****년**월**일부터 3개월에 나누어 균등 적재 (상해 황포항 선적)

운송방식 : 컨테이너 화물 (해운)

지불방식 : 지불 보장의 철회불가, 일람식 신용장 지불방식, 신용장은 물건인도하기 전 30일 전 개설해야 함

우리 회사의 가격은 경쟁력이 매우 높습니다. 만약 귀사의 주문량이 3천 세트 이상이면, 20% 할인을 해 드릴 수 있습니다. 이상 오퍼내용이 귀사의 요구에 부합이 된다고 생각되면, 저희가 확인할 수 있도록 팩스 혹은 이메일 부탁합니다.

답장을 기다리며,

중국 상해홍업무역회사

****년**월**일

예문二

## 报盘函（ 实盘 ）

韩国汉阳株式会社：

贵公司xx月xx日函阅悉。兹按贵公司要求随函附上儿童系列服装各种尺码目录一份。为了使双方能达成交易，现特报盘（以我方最后确认为准）如下：

商品：儿童系列服装

规格：染色运动套装（100%棉，寸密：133x72），型号PMC8--716718，长袖（夹克式衣裤）、短袖（T恤衣裤），无口袋

颜色：蓝色

包装：每一个聚乙烯袋，装一件成衣。每十二件装一瓦楞纸板箱

价格：每套28美元（含包装费）CIF仁川到岸价，并含贵方3%的佣金

数量：3000套

运输方式：集装箱运输（海运）

支付方式：（货款）以保兑的、不可撤销的、凭即期汇款票的信用证支付，信用证要在交货期前30天开立

装运日期和地点：收到订单后，从xxxx年xx月xx日起，分三个月平均装运。（上海黄埔港装船）

因为近期我们的订单很多，所以我方对此实盘不能保留太久，故该报盘的有效期为：一个星期。敬请早日订购！

恭候佳音。

中国上海鸿业贸易公司

xxxx年xx月xx日

## 오퍼서신(확정)

한국 한양주식회사 귀하,

귀사의 **월**일자 편지 잘 받아 보았습니다. 지금 귀사의 요청에 따라 아동복 치수별 목록 한 부를 첨부합니다. 거래가 순조롭게 성사될 수 있도록 다음과 같이 최종적인 오퍼를 냅니다.

상품 : 아동복

규격 : 염색한 운동복 셋트(100% 면, 밀도 : 133x72), 타입 PMC8-716718, 긴 소매(재킷형 상하의)、짧은 소매(티셔츠형 상하의), 주머니 없음

색깔 : 남색

포장 : PVC 팩에 한 벌씩 포장함. 12팩 단위로 1 칼톤(carton, 골판지 상자)에 포장

가격 : 포장비 포함 벌 당 미화 28불, 인천항 도착 가격 (CIF), 귀측의 수수료 3%포함한 가격임

수량 : 3000세트

운송방식 : 컨테이너 운송 (해운)

지불방식 : 지불 보장, 철회불가, 일람식 신용장 지불방식, 신용장은 물건인도하기 전 30일 전 개설

적재 및 운송 날짜와 지점: 주문서를 받은 후 ***년**월**일부터 3개월에 나누어 균등 운송 (상해 황포항 선적)

최근 주문량이 많아서 이 확정 오퍼 조건으로 오랫동안 해 드릴 수 없습니다. 이 오퍼의 유효기간은 1주일입니다. 하루 빨리 주문하시기 바랍니다. 좋은 소식 기다리겠습니다.

중국 상해홍업무역회사

****년**월**일

## 生词

规格 guígé: 규격
染色 rǎnsè: 염색
型号 xínghào: 타입
寸密 cùnmì: 밀도
夹克 jiākè: 재킷
聚乙烯 jùyǐxī: PVC, 폴리염화비닐
瓦楞 wǎléng: 골판지
到岸价 dàoànjià: 항구도착 가격
佣金 yòngjīn: 수수료
海运 hǎiyùn: 해운
集装箱 jízhuāngxiāng: 컨테이너
货款 huòkuǎn: 제품대금
符合 fúhé: 부합하다
传真 chuánzhēn: 팩스
电子邮件 diànzǐyóujiàn: 전자우편, 즉 E-mail
盼复 pànfù: 답을 기대하다
阅悉 yuèxī: 잘 읽었다
尺码 chǐmǎ: 치수
近期 jìnqī: 최근
敬请 jìngqǐng: 동사 앞에 붙어서 정중한 부탁을 나타냄

## 注释

(1) 兹就。。。要求: 지금 ___의 요구에 대해

a. 兹就贵方的要求，我方已将货物于今日发送出。

지금 귀측의 요청에 대해 우리는 화물을 오늘 이미 발송하였습니다.

b. 兹就有关货物出口检验的新要求，我公司将对产品进行二次审核。

지금 화물 수출 검역에 관련된 새로운 요구에 대해 우리 회사는 제품에 대해 두 차례 검사를 할 겁니다.

(2) 如下 : 다음과 같다

a. 人类膳食平衡标准如下（表格）所示。

인류 식사의 평균적인 기준은 다음 표에서 제시하는 바와 같습니다.

b. 项目具体的执行标准如下。

프로젝트의 구체적인 집행 기준은 다음과 같습니다.

(3) 从。。。起 : ___부터

a. 从18岁开始，我就开始独立生活了。

18세부터 나는 독립생활을 시작하였다.

b. 从下个月起，海关将对所有进出口的商品进行严格的检验。

다음 달부터 세관은 모든 수출입 상품에 대해 엄격한 검사를 실시합니다.

(4) 。。。极具。。。 : 매우 ___을 갖추고 있다

a. 这幅画构思新颖独特，极具收藏价值。

이 그림의 구상은 참신하고 독특해서 소장 가치가 매우 높다.

b. 我公司的产品，目前在市场上极具竞争力。

우리 회사의 제품은 현재 시장에서 높은 경쟁력을 갖고 있다.

(5) 以便 : '以便' 다음에 오는 동사의 동작을 할 수 있도록의 의미로 번역하면 된다.

a. 说话声音大一些,以便让坐在后几排的人也能听得到。

뒷 쪽 열에 앉아있는 사람들까지도 알아들을 수 있도록 목소리를 좀 크게 해서 말해라.

b. 一定要先考察好市场，以便使日后的销售能顺利地进行。

이후의 판매가 순조롭게 될 수 있도록 반드시 먼저 시장을 잘 관찰해야 한다.

(6) 以。。。为准 : ___으로써 기준으로 삼다

a. 07年的招生计划以国家最新公布的计划为准。

2007년의 학생모집 계획은 국가가 가장 최근에 공포한 계획을 기준으로 한다.

b. 产品的交货时间，应以合同上的要求为准。

제품의 인도 시기는 계약서 상의 요구를 기준으로 해야 한다.

복습

## 【第三节】

### [A] 다음 문장들을 다시 한 번 복습해 봅시다.

(1) 贵公司x月x日的“询价函”已收悉，谢谢!

(2) 兹就贵方要求，报盘（此盘无约束力）如下：

(3) 装运日期：从xxxx年x月x日起，分三个月平均装运。

(4) 运输方式：集装箱运输（海运）。

(5)（货款）以保兑的、不可撤销的、凭即期汇款票的信用证支付，信用证要在交货期前30天开立。

(6) 我方对此实盘不能保留太久，所以该报盘的有效期为：一个星期。敬请早日订购!

### [B] 적합한 단어를 넣으시오.

| 规格　型号　佣金　海运　货款　近期 |
|---|

(1) 这次我们需要订购六种不同______的产品，请在发货前认真确认。

이번에 우리는 6가지 타입의 상품을 주문해야 하는데, 물건을 발송하기 전에 신중히 확인하십시오.

(2) 产品的_____不同，价格也就不一样。

제품 규격에 따라 가격도 다르다.

(3) 这批货物的_____是3%。

이 번 화물의 수수료는 3%이다.

(4) 我公司一贯使用信用证来结算______。

우리 회사는 일관되게 신용장으로 물건 대금을 결산한다.

(5) 如果贵公司能够延长交货时间，那么我们可以采用______的方式来运送货物。

귀사가 물건 인도시기를 연장해 주시면 우리는 해운으로 화물을 보낼 수 있습니다.

(6) _______原材料市场价格不稳定，所以产品价格会有所提高。

최근 원자재 시장가격이 불안정해서 제품의 가격이 올라갈 수 있다.

# 还盘函和接受函

## 第七周

# 第七周 还盘函和接受函

## 오퍼수정(Counter Offer) 제안서와 이에 대한 동의서

**【내용소개】**

이번 주에는 오퍼수정 (Counter Offer) 제안서와 이에 대해 동의하는 확정 오퍼서 작성시 지켜야 할 기본원리, 내용 및 형식에 대해 소개합니다.

【第一讲】 오퍼수정 (Counter Offer) 제안서와 이에 대한 동의서의 내용과 형식

【第二讲】 오퍼수정 (Counter Offer) 제안서와 이에 대한 동의서의 예문

## 【第一讲】 오퍼수정 (Counter Offer) 제안서와 이에 대한 동의서의 내용과 형식

### 【第一节】 학습요점

**[A] 다음 문장들을 해석해 봅시다.**

(1) "还盘函"（Counter—offer）：是指受盘人不同意或不完全同意发盘人提出的交易条件，并提出修改要求而写的商务信函 。

오퍼수정 (Counter Offer) 제안서는 오퍼를 받은 사람이 오퍼를 낸 측이 제시한 거래 조건에 대해 동의를 하지 않거나 혹은 일정 부분에 대해 동의하지 않기 때문에 수정 요청을 하며 작성하는 비즈니스 서한이다.

(2) 报盘人若对受盘人的还盘再提出修改意见，就称为："返还盘"。

오퍼를 낸 사람이 이를 받는 사람의 오퍼수정 (Counter Offer) 제안에 대해 동의하지 않고 이에 대해 재수정하겠다는 의견을 제시하면, 이를 개정오퍼(Revised Offer)라 한다.

(3) 首先对卖方的报盘表示感谢，对未能接受报盘表示歉意。

먼저 판매자의 오퍼에 감사의 뜻을 표하고, 오퍼의 조건을 받아들일 수 없음에 대해 미안하다는 뜻을 표한다.

(4) 写明拒绝接受卖方报盘的理由。

판매자의 오퍼를 받아들일 수 없는 이유를 쓴다.

(5) 表明对报盘中的：如价格、包装、规格、支付方式、交货日期、运输方式等某些方面的修改意见，以期能再还盘。

오퍼에 대한 수정 제안을 낼 수 있도록 오퍼 내용 중, 예를 들면 가격, 포장, 규격, 지불방식, 물건 인도날짜, 운송방식 등에 대해 변경했으면 한다는 의견을 표명한다.

(6) “接受函”（Acceptance）是指买方或卖方接受对方提出的交易条件时所发出的信函、传真、电子邮。

오퍼동의서는 구매자 혹은 판매자가 상대방이 제시한 거래 조건을 받아들일 때 발송하는 서신, 팩스, 이메일이다.

## [B] 다음 단어들의 용법을 파악해 봅시다.

(1) “。。。即。。。” : 같다는 것을 나타내는 단어, “즉”

(2) “若。。。就。。。” : 만약 ___한다면, ___한다.

(3) “。。。对。。。表示。。。” : ___에 대해 ___을 나타내다

(4) “。。。表明。。。意见” : 의견을 표명하다

(5) “。。。仍能。。。” : 여전히 ___할 수 있다.

(6) “。。。一旦。。。” : 일단

# 【第二节】 학습내용

## [A] 다음 문장들을 해석해 봅시다.

(1) “还盘函”（Counter—offer）：是指受盘人不同意或不完全同意发盘人提出的交易条件，并提出修改要求而写的商务信函。还盘后，原报盘即失去效力。报盘人若对受盘人的还盘再提出修改意见，就称为“返还盘”。一笔交易成交，往往需要经过几次还盘和返还盘的过程。

오퍼수정 (Counter Offer) 제안서는 견적을 받은 사람이 견적을 낸 사람이 제기한 거래 조건에 대해 동의를 하지 않거나 혹은 일정 부분에 대해서 동의하지 않아서 수정요청을 하며 쓰는 비즈니스 서신이다. 오퍼수정을 제시한 후에는 원래의 오퍼는 효력을 상실하게 된다. 오퍼를 낸 측이 만약 오퍼를 받은 측의 수정안에 대해 동의하지 않고 이에 대해 재수정의 의견을 제시하면, 이를 개정오퍼(Revised Offer)라고 한다. 거래가 이루어지기까지에는 종종 몇 차례의 오퍼와 개정오퍼의 과정을 거쳐야 한다.

(2) 写还盘函时，应首先对卖方的报盘表示感谢，对未能接受报盘表示歉意，并说明拒绝接受的理由。还应表示如果可能的话，再进行还盘，以便今后仍能有合作的机会。

오퍼수정 (Counter Offer) 제안서를 쓸 때, 먼저 판매자의 오퍼에 대해 감사의 뜻을 표하고, 오퍼의 조건을 받아들일 수 없음에 대해 미안하다는 뜻을 나타내며 아울러 그 이유를 설명한다. 또한 이후에도 계속해서 협력할 수 있도록 가능하다면 다시 오퍼의 조건을 수정했으면 한다는 의사를 표명해야 한다.

## [B] 오퍼수정 (Counter Offer) 제안서의 작성과 형식

(1) 标题：应在标题处写明"还盘函"。

제목: 제목 부분에는 오퍼수정 (Counter Offer) 제안서라고 쓴다.

(2) 称谓：应在顶格处写明"发盘人的名称"。

호칭: 줄 맨 앞에 오퍼를 내었던 사람의 명칭을 쓴다.

(3) 正文：

a. 首先对卖方的报盘表示感谢，对未能接受报盘表示歉意。

b. 写明拒绝接受卖方报盘的理由。

c. 表明对报盘中的：如价格、包装、规格、支付方式、交货日期、运输方式等某些方面的修改意见，以期能再还盘。

d. 最后应以客气礼貌的"请早日惠知"、"盼复"等语句结束，并表明希望今后仍能有合作的机会。

본문:

a. 먼저 판매자의 오퍼에 대해 감사의 뜻을 표하고 오퍼의 조건을 받아들일 수 없음에 대해 죄송함을 표시한다.

b. 판매자의 오퍼를 받아들일 수 없는 이유를 쓴다.

c. 오퍼에 대한 수정 제안을 낼 수 있도록 오퍼 내용 중, 예를 들면 가격, 포장, 규격, 지불방식, 물건 인도날짜, 운송방식 등에 대해 변경했으면 한다는 의견을 표명한다.

d. 끝으로"신속히 알려주십시오""답장을 기대합니다" 등의 공손하고 예의 바른 언어로 끝을 맺으며, 아울러 이후에도 계속해서 협력할 수 있기를 희망한다는 뜻을 표명한다.

(4) 落款：应写明还盘人的名称，并注明年、月、日。

발신인 이름: 오퍼수정을 제안하는 사람의 명칭을 쓰며, 아울러 년월일을 표기한다

## [C]

“接受函”（Acceptance）：是指买方或卖方接受对方提出的交易条件时所发出的信函、传真、电子邮件等。一旦接受，交易即告成。

오퍼 동의서는 구매자 또는 판매자가 상대방이 제시한 거래 조건을 받아들일 때 발송하는 서신, 팩스, 이 메일 등이다. 일단 조건을 받아들이면, 거래는 즉시 성사된다.

## [D] 오퍼 동의서의 작성 내용과 형식

(1) 标题：应在标题处写明“接受函”。

제목: 제목 부분에 ‘오퍼 동의서’ 라고 쓴다.

(2) 称谓：应在顶格处写明接受人的名称。

호칭: 줄 맨 앞에 서신을 받는 사람의 명칭을 쓴다.

(3) 正文：应清楚地写明接受对方的具体报价条件，包括：商品的名称、规格、价格、包装、支付方式、交货日期地点、运输方式等项内容，并以客气礼貌的语句作结尾。

본문: 상대방이 제시한 구체적인 조건, 예를 들면 상품의 명칭, 규격, 가격, 포장, 지불방식, 물건 인도날짜와 지점, 운송방식 등의 내용을 포함하는 오퍼 조건을 받아들인다고 명확히 밝히고, 아울러 공손하고 예의 바른 말로 끝마무리를 한다.

(4) 落款：应写明接受方的名称，并注明年、月、日。

발신인 이름: 오퍼 동의자의 명칭을 쓰며, 아울러 년월일을 표기한다

## 生词

还盘函 huánpánhán: 오퍼수정 (Counter Offer) 제안서

接受函 jiēshòuhán: 오퍼 동의서

受盘人 shòupánrén : 오퍼를 받는 사람

发盘人 fāpánrén : 오퍼를 내는 사람

未能 wèinéng: ___을 할 수 없다.

歉意 qiànyì : 미안한 마음

惠知 huìzhī : 알다(惠는 상대방의 행동이 자신에게는 매우 고마운 일이라는 것을 나타내는 단어)

盼复 pànfù: 답장을 기대하다

告成 gàochéng: 이루어지다

成交 chéngjiāo: 거래가 성사되다

过程 guòchéng: 과정

进行 jìnxíng: 진행하다

表明 biǎomíng: 표명하다, 나타내다

机会 jīhuì: 기회

可能 kěnéng: 가능하다

注明 zhùmíng: 밝히다

包括 bāokuò: ___을 포함하다

熟读 shúdú: 숙독하다

往往 wǎngwǎng: 왕왕, 종종

名称 míngchēng : 명칭

## 注释

(1) 。。。即。。。: 즉

a. 报盘，即报价、发价、发盘、出价。通常是由卖方发出的。

오퍼를 낸다라는 것은 즉 가격 조건을 제시한다는 것이다. 통상 판매자가 오퍼를 낸다.

b. 西红柿，即“番茄”，是一种营养价值很高的果蔬。

토마토는 즉 番茄(토마토의 또 다른 이름)이며, 영양가가 높은 채소다.

(2) 若。。。就。。。: 만약 ___한다면, ___한다

a. 若明天下大雨，我方就会推迟发货时间的。

만약 내일 큰 비가 내린다면 우리측은 물건 발송 시간을 늦출 것입니다.

b. 若运送途中发生意外事故，就要向保险公司申请理赔。

만약 운송 중에 의외의 사고가 발생하면 보험회사에 배상을 신청해야 한다.

(3) 对。。。表示。。。: ___에 대해 ___을 나타내다

a. 我方因天气原因推迟了发货日期，对此我们深表歉意。

날씨 원인 때문에 저희가 물건 발송 날짜를 늦추게 되었습니다. 이에 대해 심심한 사과의 말씀을 드립니다.

b. 我方对贵方真诚的合作态度，表示感谢。

우리는 귀측의 성실한 협력에 대해 사의를 표합니다.

(4) 表明。。。意见: 의견을 표명하다

a. 请贵方尽快表明对这份合同的修改意见。

이 계약에 대한 수정 의견을 최대한 빨리 표명해 주십시오.

b. 他对这个决定表明了不同的意见。

이 결정에 대해 그는 다른 의견을 표시하였습니다.

(5) 。。。仍能。。。: 여전히 ___할 수 있다.

a. 尽管生产成本在不断地提高，但公司仍能从中获得可观的利润。

생산 원가가 계속해서 오르고 있다 하더라도 회사는 여전히 그 중에서 괄목할만한 이윤을 얻을 수 있다.

b. 虽然天气情况恶劣，但我们仍能保证商品按时到达目的港。

날씨 상황이 비록 좋지 않지만, 우리는 상품이 제 때에 목적지 항구까지 도착할 수 있음을 보장할 수 있습니다.

(6) 。。。一旦。。。: 일단

a. 一旦任务完成，我们就没有什么压力了。

일단 임무가 완성이 되면 우리는 어떠한 스트레스도 사라지게 된다.

b. 一旦天气情况有所改变，我们就立即装船发货。

일단 날씨 상황이 변하면 우리는 즉시 배에 실어서 물건을 보냅니다.

## 복습

### 【第三节】

### [A] 다음 문장들을 다시 한 번 복습해 봅시다.

(1) "还盘函"（Counter—offer）：是指受盘人不同意或不完全同意发盘人提出的交易条件，并提出修改要求而写的商务信函.

(2) 报盘人若对受盘人的还盘再提出修改意见，就称为："反还盘"。

(3) 首先对卖方的报盘表示感谢，对未能接受报盘表示歉意。

(4) 写明拒绝接受卖方报盘的理由。

(5) 表明对报盘中的：如价格、包装、规格、支付方式、交货日期、运输方式等某些方面的修改意见，以期能再还盘。

(6) "接受函"（Acceptance）是指买方或卖方接受对方提出的交易条件时所发出的信函、传真、电子邮。

### [B] 적합한 단어를 넣으시오.

| 未能　歉意　惠知　告成　成交　往往 |
|---|

(1) 这次合作＿＿＿成功，让我们感到十分的遗憾。
이번 협력이 성공하지 못해 매우 유감입니다.

(2) 对于我们业务上的失误，我们向您表示诚挚的＿＿＿。
우리 업무상의 실책에 대해 진심으로 사과의 말씀을 드립니다.

(3) 我公司不接受超过25吨的冷箱货物，敬请＿＿＿,望您能够给予谅解。
우리 회사는 25톤이 넘는 냉동화물은 받지 않는다는 것을 아시고 양해해 주시기 바랍니다.

(4) 这批货物将在下个月以每件25美元的价格＿＿＿。
이 화물은 다음 달에는 하나당 미화 25달러 가격으로 거래가 됩니다.

(5) 经过长时间的谈判，我们的合作项目顺利＿＿＿。
장시간의 담판 끝에 우리의 협력 프로젝트는 순조롭게 이루어졌다.

(6) 有些事情＿＿＿没有想象得那么简单。
어떤 일은 종종 상상한 것 만큼 그렇게 간단하지 않다.

## 【第二讲】 오퍼수정 (Counter Offer) 제안서와 이에 대한 동의서의 예문

### 【第一节】 학습요점

### [A] 다음 문장들을 해석해 봅시다.

(1) 兹收到贵方x月x日按惯常条款报给我方的有关2000套儿童系列服装的“报盘函”，谨致谢意！

귀하의 **월**일자 일반 항목(단가, 수량, 포장, 결제 방식 등등의 항목)의 아동복 2천 벌에 대한 오퍼 잘 받았습니다. 감사합니다.

(2) 客户们普遍认为贵方的报价偏高。

고객들은 일반적으로 귀하의 견적이 비싼 편이라고 생각합니다.

(3) 因此目前的报价，我们难以接受。希望贵方能适当地降低价格，以便我方能说服客户，达成交易。

때문에 현재의 견적에 대해 우리는 받아들이기가 어렵습니다. 우리가 고객들을 설득해서 거래가 이루어질 수 있도록 귀하가 적당한 선에서 가격을 낮추었으면 합니다.

(4) 为了促成此交易，我方现还盘如下。

이 거래가 될 수 있도록 하기 위해 우리는 다음과 같이 수정 오퍼를 제시합니다.

(5) 不知贵方意下如何? 至盼早复！

귀하의 뜻은 어떠한지요? 신속한 답장 바랍니다.

(6) 如若再降低价格，我方恐怕很难遵办，恳请谅解。

만약 가격을 더 낮춘다면 그 가격에는 저희가 아마 힘들 것 같습니다. 이해해 주십시오.

### [B] 다음 단어들의 용법을 파악해 봅시다.

(1) “兹收到。。。” : 兹는 현재, 지금 등의 의미. 지금 ___을 받았다

(2) “。。。极有意。。。” : ___할 의사가 매우 강하다.

(3) “微乎其微” : 매우 적다

(4) “仍” : 여전히

(5) “恐怕” : 아마도

(6) “。。。以示。。。” : ___함으로써 ___을 나타내다

## 【第二节】 각종 서신 예

예문一

### 还盘函

中国上海鸿业贸易公司：

兹收到贵方xx月xx日按惯常条款报给我方的有关2000套儿童系列服装的"报盘函"，谨致谢意！

贵公司的服装种类齐全，质量上乘，客户极有意购买。然而很遗憾，客户们普遍认为贵方的报价偏高。因此目前的报价，我们难以接受。希望贵方能适当地降低价格，以便我方能说服客户，达成交易。

为了促成此交易， 我方现还盘如下：（以贵方不迟于xx月xx日答复为有效）

儿童系列服装，每套20美元（含包装费），CIF仁川到岸价，并含我方3%的佣金。其他条款如你方xx月xx日函办理。

不知贵方意下如何？至盼早复！　专此敬祝

　　大吉

韩国汉阳株式会社

xxxx年xx月xx日

**오퍼수정 (Counter Offer) 제안서**

중국 상해홍업무역회사 귀하,

귀하의 **월**일자 일반 항목(단가, 수량, 포장, 결제 방식 등등의 항목)의 아동복 2천 벌에 대한 오퍼 잘 받았습니다. 감사합니다.

귀사의 의류는 종류별로 골고루 갖추어져 있고, 품질도 상등급이라 고객들은 적극적으로 구매할 의사가 있습니다. 그러나 유감스럽게도 고객들은 귀사의 견적가격이 다소 높은 편이라고 일반적으로 생각하고 있습니다. 따라서 현재의 가격으로 저희는 받아들이기가 어렵습니다. 우리가 고객들을 설득해서 거래가 성사될 수 있도록 귀측이 적당한 선에서 가격을 낮추었으면 합니다. 이번 거래가 성사될 수 있도록 우리는 다음과 같이 귀하의 오퍼의 대해 수정제의를 하는 바입니다. (귀측이 **월**일 이전까지 답신해야지 유효합니다)

아동복 한 벌당 미화 20달러(포장 포함), CIF 인천항 도착가격이며, 우리 측의 수수료 3%가 포함된 가격입니다. 기타 다른 항목에 대한 조건은 귀측의 **월**일자의 내용대로 합니다. 귀측의 뜻은 어떠한지요? 신속한 답장 바랍니다. 귀사의 행운을 빌며.

한국 한양주식회사

****년**월**일

memo

예문二

## 返还盘函

韩国汉阳株式会社：

贵方xx月xx日“还盘函”已收阅。从信函中获悉贵方不能接受我方的报价，我们表示非常遗憾。

我方的儿童系列服装，不仅质量上乘，而且价格也合理。因目前原材料的上涨，致使成衣制作的成本费用提高，我们的利润已经是微乎其微了。如若再降低价格，我方恐怕很难遵办，恳请谅解。

但我方仍有意达成这笔交易，故经我公司董事会商议决定，将原报价降低2.5%，（即每套儿童成衣28美元，含包装费，CIF仁川到岸价），并含贵方3%的佣金，以示诚意。

专此奉复，恭候佳音。

敬颂

大安

中国上海鸿业贸易公司

xxxx年xx月xx日

**오퍼 수청 요청에 대한 답신(Revised Offer)**

한국 한양주식회사 귀하,

귀하가 **월**일자로 보낸 오퍼 수정 제안서는 잘 받았습니다. 귀측이 우리의 견적을 받아들이지 못한다는 것을 알고는 매우 유감스러웠습니다.

저희 회사의 아동복 의류는 품질이 좋을 뿐 아니라 가격도 합리적입니다. 현재 원자재값의 상승으로 인해서 제작 원가가 올라 저희 이윤도 이미 거의 없는 실정입니다. 만약 가격을 더 낮춘다면 아마도 그 가격으로는 할 수가 없음을 양해해 주시기 바랍니다.

하지만 저희는 이 거래를 성사시킬 의향으로 이사회의 상의를 거쳐서 원래 견적 가격에서 2.5% 낮추기로 결정하였습니다. (즉 한 벌 당 포장비 포함, CIF 인천항 도착가격으로 미화 28달러가 되겠습니다) 아울러 저희의 성의표시로 귀하의 3% 수수료를 포함시켰습니다. 이와 같이 회신을 하오니 좋은 소식 기다리겠습니다. 평안하시길 빌겠습니다.

중국 상해홍업무역회사

****년**월**일

memo

예문三

## 接受报价函

中国上海鸿业贸易公司：

贵公司xx月xx日的"报价函"已收悉，谢谢！我方接受贵方的报价，并乐意按照贵方提出的条件订货：

商品：儿童系列服装

规格：染色运动套装（100%棉，寸密：133x72），型号PMC8--716718,长袖（夹克式衣裤）、短袖（T恤衣裤），无口袋

包装：每一个聚乙烯袋，装一件成衣。每十二盒装一瓦楞纸板箱

价格：每套28美元（含包装费），CIF仁川到岸价，并含我方3%的佣金

数量：3000套

运输方式：集装箱运输（海运）

支付方式：（货款）以保兑的、不可撤销的、凭即期汇款票的信用证支付，信用证保证在交货期前30天开立

装运日期和地点：收到订单后，从xxxx年xx月xx日起，分三个月平均装运（上海黄埔港装船）

请速办理为荷。

韩国汉阳株式会社

xxxx年xx月xx日

## 오퍼 동의서

중국 상해홍업무역회사 귀하,

귀사가 **월**일자로 낸 견적 잘 받아보았습니다. 감사합니다. 우리는 귀하의 견적을 받아들이며, 아울러 귀측이 제시한 조건으로 기꺼이 물건을 주문하고자 합니다.

상품: 아동복 의류

규격: 염색된 운동복 세트(100% 면, 밀도: 133x72), 타입PMC8-716718, 긴 소매(재킷형 상하의), 짧은 소매(티셔츠형 상하의), 주머니 없음

포장: 폴리팩 하나에 기성복 한 벌씩 포장함. 12팩 단위로 1 칼톤(carton, 골판지 상자)에 포장

가격: 한 벌당 미화 28달러 (포장비 포함) , CIF 인천항도착가격, 우리측 3% 수수료 포함

수량 : 3000벌

운송방식 : 컨테이너 화물 (해운)

지불방식: 지불보장, 철회불가의 일람부 신용장 지불방식, 신용장은 물건인도하기 전 30일 전 개설

적재 날짜와 지점: 주문서를 접수한 후 ****년**월**일부터 3개월에 나누어 균등 적재 (상해 황포항 선적)

위의 사항대로 신속히 처리해 주시면 고맙겠습니다.

한국 한양주식회사

****년**월**일

memo

## 生词

惯常 guàncháng: 일상적인, 통상적인

条款 tiáokuǎn: 조항, 항목

谨致 jǐnzhì: 삼가 ___을 합니다

遗憾 yíhàn: 유감이다

偏高 piāngāo: 비싼 편이다

促成 cùchéng: 성사되도록 재촉하다

专此 zhuāncǐ: 특별히 이에

大安 dà ān: 평안

原材料 yuáncáiliào: 원료, 원자재

上涨 shàngzhǎng: 오르다

致使 zhìshǐ: ___한 결과를 초래하다

制作 zhìzuò: 제작하다

利润 lìrùn: 이윤

遵办 zūnbàn: ___에 따라 처리하다

恳请 kěnqǐng: 간절히 청하다

董事会 dǒngshìhuì: 이사회

奉复 fèngfù: 회답하다

为荷 wéihè: 감사하게 여기다

意下如何 yìxiàrúhé: 생각이 어떠한지

敬颂 jìngsòng: 상대방에 대해 축원을 하기 위한 단어

## 注释

(1) 兹收到。。。 : 지금 ___을 받았다.

a. 兹收到贵公司发来的货物，非常感谢。

지금 귀사가 발송해온 화물을 받았습니다. 매우 감사합니다.

b. 兹收到贵公司的请柬，谢谢。我方将会按时莅临。

지금 귀사의 초대장을 받았습니다. 감사합니다. 우리는 시간에 맞추어 방문하겠습니다.

(2) 。。。极有意。。。: 매우 ___할 의사가 있다.

a. 我公司极有意参加贵方组织的慈善捐款活动。

우리 회사는 귀하가 조직한 자선모금활동에 참가할 의사가 매우 강합니다.

b. 我公司极有意对您的项目进行投资。

우리 회사는 당신의 프로젝트에 대해 투자할 의향이 많습니다.

(3) 微乎其微 : 매우 매우 적다.

a. 从目前气象情况分析，台风再次袭击这里的可能性已微乎其微了。

현재 기상상황으로 분석할 때, 태풍이 다시 이곳에 몰아 닥칠 가능성은 이미 극히 적다.

b. 现在看来，这次危机对我公司的影响是微乎其微的。

현재로 볼 때, 이번 위기가 우리 회사에 미칠 영향은 거의 없다.

(4)。。。仍。。。: 여전히

a. 虽然毕业多年了，但我对学校仍非常怀念。

비록 졸업한 지 몇 년이 지났지만, 난 학교에 대해 여전히 많은 그리움이 남아 있습니다.

b. 客户们认为这个报价仍偏高。

고객들은 이 가격이 여전히 비싼 편이라 생각한다.

(5) 恐怕 : 아마도

a. 我恐怕要迟到了。

난 아마 지각할 것 같다.

b. 这次恰谈恐怕没有那么顺利。

이번 상담은 아마도 그렇게 순조롭지 못할 것 같다.

(6) 。。。以示。。。: ___함으로써, ___을 나타내다

a. 教师节时，同学们向老师献上了鲜花，以示感谢。

스승의 날, 학생들은 선생님에게 꽃을 드려 감사함을 표시하였다.

b. 我方就这次谈判进行了积极的准备，由此以示我方愿意和贵方进行合作的诚意。

우리는 이번 담판에 대해 적극적으로 준비하였다. 이로써 우리가 귀측과 협력하겠다는 성의를 표시한 것이다.

## 복습

### 【第三节】

### [A] 다음 문장들을 다시 한 번 복습해 봅시다.

(1) 兹收到贵方x月x日按惯常条款报给我方的有关2000套儿童系列服装的“报盘函”，谨致谢意！

(2) 客户们普遍认为贵方的报价偏高。

(3) 因此目前的报价，我们难以接受。希望贵方能适当地降低价格，以便我方能说服客户，达成交易。

(4) 为了促成此交易，我方现还盘如下。

(5) 不知贵方意下如何？至盼早复！

(6) 如若再降低价格，我方恐怕很难遵办，恳请谅解。

### [B] 적합한 단어를 넣으시오.

| 惯常　条款　偏高　致使　成本　利润 |
|---|

(1) 我公司将按照 ___的方式，与其他公司进行合作。

우리 회사는 통상적인 방식대로 다른 회사와 협력을 할 것이다.

(2) 今年燃油的价格和往年相比_______。

금년 유류가격이 왕년에 비교해서 비싼 편이다.

(3) 请认真阅读合同上的所有_______。

계약서상의 모든 조항을 진지하게 살펴봐 주십시오.

(4) 我们要努力降低制作_____。

우리는 제조원가를 낮추도록 노력해야 합니다.

(5) 由于他工作上的失误，_________这次合作失败。

그의 업무상의 실수로 이번 협력은 실패하게 되었다.

(6) 不断提高______，是我们公司的主要目标。

이윤을 부단히 높이는 것이 우리 회사의 주요 목표입니다.

중·고급 강독을 겸한 中韓무역서신

# 订购函与确认订购函

## 第八周

第八周

# 订购函与确认订购函

주문서와 주문확인서

**【내용소개】**

이번 주에는 주문서와 주문확인서를 작성시 지켜야 할 기본원리, 내용 및 형식에 대해 소개합니다.

【第一讲】 주문서와 주문확인서의 내용과 형식

【第二讲】 주문서와 주문확인서의 예문

## 【第一讲】 주문서와 주문확인서의 내용과 형식

### 【第一节】 학습요점

**[A] 다음 문장들을 해석해 봅시다.**

(1) "订购函"即是买卖双方经过反复磋商，当双方都接受了交易条件后，买方按双方谈妥的条件，向卖方订购货物时所写的信函.

주문서신이란 매매 쌍방이 여러 차례의 상의를 거쳐 거래 조건을 받아들인 후 구매자가 쌍방이 타결한 조건에 의거, 판매자에게 물건을 주문할 때 작성하는 서한이다.

(2) "订购函"的基本特点是：精确和清晰。

주문서신의 기본 특징은 정확하고 명확해야 한다는 것이다.

(3) "订购函"一般有两种形式：一种是在接受函里说明所需订购的货物.

주문서신은 일반적으로 다음과 같은 두 가지 형식이 있다. 하나는 오퍼동의서 안에 주문할 제품에 대해 설명하는 것이고,

(4) 另一种是：把订购函制成订单式，以表格的形式列明各项交易条件。

또 다른 하나는 주문서신을 주문서 형식으로 만들어서 양식에 맞추어 각 항목의 거래 조건을 열거하는 방식이다.

(5) "确认订购函"是卖方在收到客户的"订购函"后，予以回函确认，同时告知客户货物办理程度和货款支付等事宜，并询问客户是否还有其他要求的商务信函。

주문확인서는 판매자가 고객의 주문서를 받은 후 답신을 보내어 확인하며, 동시에 화물의 처리 정도와 대금지불 등의 사항에 대해 고지하며, 아울러 고객에게 또 다른 요구 사항이 있는지 물어보는 비즈니스 서한이다.

(6) 当卖方收到买方的订购函后，需马上回函确认。

판매자가 구매자의 주문서를 받은 후 곧 바로 이에 대한 답장을 보내어 확인을 해야 한다.

## [B] 다음 단어들의 용법을 파악해 봅시다.

(1) “一种是。。。另一种是。。。”: 하나는 ___이고, 또 다른 하나는 ___이다

(2) “把。。。制成。。。”: ___을 ___으로 작성하다

(3) “若。。。应。。。”: 만약 ___한다면, ___해야 한다

(4) “以。。。列明。。。”: ___로써 ___을 밝히다

(5) “。。。所要。。。”: “所” 는 동사 앞에 놓여서 동작의 결과나 목적을 표시한다.

(6) “。。。同时。。。”: ___함과 동시에

# 【第二节】 학습내용

## [A] 다음 문장들을 해석해 봅시다.

(1) “订购函”是指：买卖双方经过反复磋商，当双方都接受了交易条件后，买方按双方谈妥的条件，向卖方订购货物时所写的信函。“订购函”的基本特点是：精确和清晰。

주문서신이란 매매 쌍방이 여러 차례의 상의를 거쳐 거래 조건을 받아들인 후 구매자가 쌍방이 타결한 조건에 의거, 판매자에게 물건을 주문할 때 작성하는 서한이다. 주문서신의 기본적인 특징은 정확하고 명확해야 한다는 것이다.

(2) “订购函”一般有两种形式：一种是在接受函里说明所需订购的货物；另一种是把订购函制成订单式，以表格的形式列明各项交易条件。

주문서신은 일반적으로 다음과 같은 두 가지 형식이 있다. 하나는 오퍼동의서 안에 주문할 제품에 대해 설명하는 것이고, 또 다른 하나는 주문서신을 주문서 형식으로 만들어서 양식에 맞추어 각 항목의 거래 조건을 열거하는 방식이다.

## [B] 주문서 작성 형식과 작성시 지켜야 할 사항

(1) 标题：在标题处写明："订购函"。

제목: 제목 부분에는"주문서신"이라고 쓴다.

(2) 称谓：在顶格处写明卖方的称谓。

호칭: 줄 맨 앞에 판매자의 호칭을 쓴다.

(3) 正文：

a. 首先写明已收到卖方的"报价函"，并要求订购以下货物。

b. 写明所要订购商品的名称、牌号、规格、数量和价格。

c. 写明交货日期。

d. 写明交货地点。

e. 写明结算方式。

f. 写明包装、运输方式、运输保险等。

본문

a. 먼저 판매자의 견적서를 이미 받았음을 밝히고, 다음과 같은 물건 주문을 요청한다.

b. 주문할 상품의 명칭, 상표, 규격, 수량과 가격을 쓴다.

c. 물건 인도 날짜를 쓴다.

d. 물건 인도 장소를 쓴다.

e. 결제 방식을 쓴다.

f. 포장, 운송방식, 운송보험 등에 대해 쓴다.

(4) 落款：写明买方的名称，并注明年、月、日。

발신인 이름: 구매자의 명칭을 쓰며, 아울러 년월일을 표기한다

## [C]

"确认订购函"是指：卖方在收到客户的"订购函"后，予以回函确认，同时告知客户货物办理程度和货款支付等事宜，并询问客户是否还有其他要求的商务信函。

주문확인서는 판매자가 고객의 주문서신을 받은 후 답신을 해서 확인하고 동시에 고객에게

화물의 처리 정도와 대금지불 등의 사항을 알리고 고객에게 기타 다른 요구사항이 있는 지를 물어보는 비즈니스 서한이다.

当卖方收到买方的“订购函”后，需马上回函确认。如果买方所订购的货物暂时无货可供，应写信说明原因；若卖方确实不能接受买方的订单时，应在回复函中慎重地予以说明。

판매자가 구매자의 주문서신을 받은 후 곧 바로 답신을 해서 확인을 해야 한다. 만약 구매자가 주문한 물건이 일시적으로 공급할 수 없다면 편지를 써서 그 원인을 설명해야 한다. 만약 판매자가 확실히 구매자의 주문을 받아들일 수 없을 때에는 답신에서 신중히 설명해야 한다.

## [D] 주문확인서의 형식과 내용

(1) 标题：在标题处写明：“确认订购函”。

제목: 제목 부분에는“주문확인서”라고 쓴다.

(2) 称谓：在顶格处写明买方的称谓。

호칭: 줄 맨 앞에 구매자의 호칭을 쓴다.

(3) 正文：

a. 写明收到对方“订购函”的日期。

b. 告知对方货物即将发出，希望对方查收。

c. 告知对方货款如何支付。

d. 简明扼要地询问客户是否还有其他要求，并写明希望今后收到更多的订单。也可以“感谢对方的惠顾，希望。。。”等语句作为结束语。

본문

a. 상대방의 주문서를 받은 날짜를 쓴다.

b. 상대방에게 화물이 곧 발송되니 잘 살펴보기를 바란다고 알려준다.

c. 상대방에게 대금을 어떻게 지불할 것인가를 알린다.

d. 고객에게 간단하고 핵심적으로 기타 다른 요구사항이 또 있는 지 물어보며, 아울러 이후 더 많은 주문을 받기를 희망한다고 쓴다.“상대방의 보살핌에 감사하며, ___을 희망한다”는 등의 말로 끝을 맺어도 좋다.

(4) 落款：写明卖方的名称，并注明年、月、日。

발신인 이름: 판매자의 명칭을 쓰며, 아울러 년월일을 표기한다

## 生词

订购函 dìnggòuhán: 주문서신
反复 fǎnfù: 반복하다
回函 huíhán: 회신하다
精确 jīngquè: 정확하다
清晰 qīngxī: 명확하다
订单 dìngdān: 주문서
表格 biǎogé: 도표, 양식
列明 lièmíng: 열거하다
制成 zhìchéng: ___으로 만들다
牌号 páihào: 상호, 상표
予以 yǔyǐ: ___을 주다
程度 chéngdù: 정도
事宜 shìyí: 일, 사항
是否 shìfǒu: 인지 아닌지
暂时 zànshí: 잠시
慎重 shènzhòng: 신중하다
即将 jíjiāng: 곧, 머지않아
惠顾 huìgù: 보살펴주다, 상점에서 손님들이 찾아주신 데 대해서 감사의 마음을표시할 때 쓰는 단어.
确实 quèshí: 확실하다
谈妥 tántuǒ: 잘 타협되다, 잘 타결되다

## 注释

(1) 一种是。。。另一种是。。。：하나는 ___이고, 또 다른 하나는 ___이다

a. 本系列服装有两种，一种是运动休闲服装，另一种是商务休闲服装。

이 계통의 의류에는 두 가지가 있습니다. 하나는 운동 레져복이고, 또 다른 하나는 업무용 케쥬얼복입니다.

b. 我公司接受两种结算方式：一种是信用证，另一种是银行托收。

우리회사는 두 가지 결제 방식으로 받습니다. 하나는 신용장이고, 또 다른 하나는 은행 위탁징수입니다.

(2) 把。。。制成。。。: ___을 ___으로 만들다

a. 这个车间的工作是把裁剪好的布料制成成衣。

이 생산라인의 업무는 재단한 옷감을 기성복으로 만드는 것입니다.

b. 请把这些半成品制成成品样本。

이들 반제품들을 완성품의 샘플로 만들어 주세요.

(4) 若。。。应。。。: 만약 ___하면 마땅히 ___해야 한다

a. 做一件事情，若已下定决心，就应勇往直前。

어떤 일을 할 때, 만약 결심을 내렸다면 용감히 앞으로 나아가야 한다.

b. 货物若不能按期到达，就应承担相应的赔偿。

화물이 만약 제 때에 도착하지 않으면 상응하는 배상을 책임져야 한다.

(5) 以。。。列明。。。: ___로써 ___을 밝히다

a. 发货人向收货人发送装船通知时,应以文件形式列明船名和提单号码。

물건을 발송하는 사람이 받는 사람에게 선적통지서를 발송할 때 문서 형식으로 선박명과 선하증권 번호를 밝혀야 한다.

b. 请贵方以表格的形式列明货物清单。

도표형식으로 화물의 명세서를 밝혀주십시오.

(6) 。。。所要。。。: "所"는 동사 앞에 놓여서 동작의 결과나 목적을 표시한다.

a. 这个车间的工人所要做的工作就是将货物包装起来。

이 생산라인의 노동자들이 해야 할 업무는 화물을 포장하는 것이다.

b. 这次我们所要解决的问题是如何进行货款的结算。

이번에 우리가 해결해야 할 문제는 어떻게 하면 물건대금을 결산할 것이냐 하는 것이다.

(7) 。。。同时。。。: ___함과 동시에

a. 这批商品在获得商检局质量合格证的同时还应接受海关的检查。

이들 상품은 수출입상품검사국의 품질 합격증을 받는 동시에 또 세관검사를 받아야 한다.

b. 加快生产速度的同时更要保证产品的质量。

생산속도를 높임과 동시에 더 나아가 제품의 품질도 보증해야 한다.

## 복습

### 【第三节】

### [A] 다음 문장들을 다시 한 번 복습해 봅시다.

(1) “订购函”即是买卖双方经过反复磋商，当双方都接受了交易条件后，买方按双方谈妥的条件，向卖方订购货物时所写的信函.

(2) “订购函”的基本特点是：精确和清晰。

(3) “订购函”一般有两种形式：一种是在接受函里说明所需订购的货物.

(4) 另一种是：把订购函制成订单式，以表格的形式列明各项交易条件。

(5) “确认订购函”是卖方在收到客户的“订购函”后，予以回函确认，同时告知客户货物办理程度和货款支付等事宜，并询问客户是否还有其他要求的商务信函。

(6) 当卖方收到买方的“订购函”后，需马上回函确认。

### [B] 적합한 단어를 넣으시오.

| 是否　谈妥　精确　清晰　事宜　慎重 |
|---|

(1) 这个工作你______已经完成了？

이 일을 넌 이미 완성했는지?

(2) 我们事前要______地计算货物运到韩国所需要的时间。

우리는 사전에 화물이 한국에 운송될 때까지 소요되는 시간을 정확하게 산출해야 한다.

(3) 关于货物的运输问题，我们已经和船运公司______了。

화물 운송문제에 관해 우리는 이미 해운회사와 잘 타협했다.

(4) 请尽快来我公司商谈货物保险的相关______。

신속히 우리 회사에 오셔서 화물보험의 관련된 일을 의논하시지요.

(5) 他在谈判的时候，思维 ______表达准确，是个不可多得的人才。

그는 담판할 때에 사유가 명확하고 표현이 정확하다. 흔하지 않은 인재감이다,

(6) 对于货款的结算方式我们要______考虑以后再进行选择。

물건대금의 결산방식에 대해 우리는 신중히 생각한 다음 선택해야 한다.

## 【第二讲】 주문서와 주문확인서의 예문

### 【第一节】 학습요점

### [A] 다음 문장들을 해석해 봅시다.

(1) 贵公司x月x日惠寄的“报价单”及服装的样品已收悉，谢谢！

귀사의 **월**일자로 부친 견적서 및 의류 샘플 잘 받았습니다. 감사합니다.

(2) 我方对贵公司货物的品质和价格均感满意，现特订购下列货物：（订单号码：C 128）

당사는 귀사 제품의 품질과 가격에 대해 모두 만족합니다. 지금 아래에 열거한 제품(주문번호: C 128)을 주문합니다.

(3) 请准时运达货物，以利我方需要谢谢。

제 시간에 맞추어 화물이 도착될 수 있도록 해 주시면 감사하겠습니다.

(4) 我方一接到贵方的“装运函”，就立即开具转账支票。

당사는 귀하의 선적서를 받자마자 곧 바로 이체수표를 발행하겠습니다.

(5) 现将“售货确认书”用“特快专递”（EMS）寄上，请查收。

지금 판매확인서를 특급우편 EMS로 발송하오니 확인 부탁합니다.

(6) 感谢贵方的合作，希望我们能经常保持联系，并能进一步扩展贸易业务。

귀사의 협력에 감사드리며 계속 연락을 유지하면서 우리의 무역업무가 더욱 더 발전되기를 바랍니다.

### [B] 다음 단어들의 용법을 파악해 봅시다.

(1) “。。。对。。。感到满意”： ___에 대해 만족하다

(2) “单价。。。总计。。。”： 단가 얼마, 합계 얼마

(3) “。。。以利。。。”： ___함으로써 ___에 유리하다

(4) “。。。一。。。就。。。”： ___하자마자 곧

(5) “根据。。。规定”： ___규정에 근거하다

(6) “将。。。寄上”： ___을 부치다

## 【第二节】 각종 서신 예

예문一

### 订购函

中国上海鸿业贸易公司：

贵公司xx月xx日惠寄的“报价单”及服装的样品已收悉，谢谢！我方对贵公司货物的品质和价格均感到满意，现订购下列货物：（订单号码：C 128）

儿童系列服装： 3000套 单价：20美元/套 总计：60000美元

中老年休闲系列服装：3000套 单价：36美元/套 总计：108000美元

交货日期： xxxx年xx月xx日之前

交货地点： 上海市鸿业贸易公司仓储部

结算方式： 转账支票

贵公司收到订单后，请先寄给我们一份“售货确认书”、“保单、提单和发票”等有关海运文件，以便存档。请准时运达货物，以利我方需要谢谢。

我方一接到贵方“装运函”，就立即开具转账支票。

请给予办理为荷。 专此

即颂

安好

韩国汉阳株式会社

xxxx年xx月xx日

**주문서**

중국 상해홍업무역회사 귀하,

귀사가 **월 **일자로 보내 주신 견적서 및 의류샘플은 잘 받았습니다. 감사합니다. 우리는 귀사 제품의 품질과 가격에 대해 모두 만족하며, 지금 다음에 열거한 제품을 주문하고자 합니다. (주문번호: C 128)

아동복: 3,000벌 단가: 미화 20달러/세트, 합계: 미화 60,000달러

중장노년층 레져복: 3,000벌 단가: 미화 36달러/세트, 합계: 미화 108,000달러

물건인도시기: ****년 **월 **일 이전

물건인도장소: 상해시 홍업무역회사 물류부

결제방식: 이체수표

귀사께서 주문서를 받은 후 우리가 파일로 보관할 수 있도록 먼저 매출확인서, 보험증서, 선하증권과 송장 등 해운관련문서를 보내 주십시오. 화물을 기일에 맞추어 도착할 수 있도록 보내주시면 고맙겠습니다.

귀하의 선적서류를 받으면 즉시 이체수표를 발행하겠습니다. 수속 진행해 주시면 감사하겠습니다. 평안을 빌겠습니다.

한국 한양주식회사

****년**월**일

memo

예문二

## 确认订购函

韩国汉阳株式会社：

非常高兴收到贵方xx月xx日寄达的儿童系列服装和中老年休闲服装订单（C128），我方即速予办理，货物将在贵方要求日期内运抵指定地点。现将“售货确认书”用“特快专递”（EMS）寄上，请查收。

根据商业汇票的规定，我方将通过上海浦东银行开出以贵方为付款人的银行承兑汇票，面额168000美元，承兑期限为3个月。我们相信此汇票必得承兑。

贵方还有何要求，请即函告。

感谢贵方的合作，希望我们能经常保持联系，并能进一步扩展贸易业务。专此。

即颂

安好

上海鸿业贸易公司

xxxx年xx月xx日

**주문확인서**

한국 한양주식회사 귀하,

귀하가 **월**일자로 보내신 아동복과 중장노년층을 위한 레져복 주문(C 128)을 받아서 매우 기쁘게 생각합니다. 당사는 이를 신속히 처리하겠으며, 화물은 귀사가 요구한 기일 내에 지정장소로 운송되겠습니다. 지금 판매확인서를 EMS로 보내니 확인 부탁드립니다.

상업 환어음 규정에 의거, 당사는 상해 푸동은행을 통해 귀하가 지불자로 된 은행지급보증 환어음을 발행할 것입니다. 액면금액은 미화 168,000불이며, 지불기한은 3개월입니다. 이 환어음은 기일 내에 지불될 것이라 믿습니다. 또 다른 요구사항이 있으면 편지로  알려주시기 바랍니다.

귀사의 협력에 감사드리며 계속 연락을 유지하면서 우리의 무역업무가 더욱 더 발전되기를 바랍니다. 평안을 빌며.

상해 홍업무역회사

*****년**월**일

memo

## 生词

休闲 xiūxián: 한가하게 지내다

仓储 cāngchǔ: 창고 보관 또는 창고 보관 물자

转账 zhuǎnzhàng: 이체하다

支票 zhīpiào: 수표

运抵 yùndǐ: ___로 운송하다

特快专递 tèkuàizhuāndì: EMS, Express Service, 특급우편

承兑 chéngduì: 기일에 지불하다, 환어음 등을 인수하다

汇票 huìpiào: 환어음

面额 miàn é: 액면가격

指定 zhǐdìng: 지정하다

必得 bìděi: 반드시 ___해야 한다

函告 hángào: 편지로 알리다

扩展 kuòzhǎn: 확장하다

保单 bǎodān: 보험증서

提单 tídān: 선하증권

存档 cúndàng: 파일로 저장하다

开具 kāijù: 작성하다

惠寄 huìjì: 부치다(상대방에 대한 공경한 표현)

速予 sùyǔ: 신속히 ___하다

运达 yùndá: ___로 운송하다

## 注释

(1) 。。。对。。。感到满意: ___에 대해 만족하다

a. 大家对他们的服务都感到满意。

모두들 그들의 서비스에 대해 만족합니다.

b. 客户对我们的产品感到满意。

우리 제품에 대해 고객은 만족합니다.

(2) 单价。。。总计。。。: 단가 얼마, 합계 얼마

a. 这些本子单价6元，十本总计为60元。

이 노트는 단가는 6원이며, 10권에 합계 60원이다.

b. 每件产品的单价为66元，货款总计16800元。

제품의 단가는 66원이며, 대금 합계 16,800원입니다.

(3) 。。。以利。。。: ___함으로써 ___에 유리하다

a. 请改变一下产品的设计，以利我公司在全国范围内销售。

제품의 설계를 바꾸어주십시오. 그러면 우리 회사는 전국규모로 판매할 수가 있습니다.

b. 希望贵方降低价格，以利我公司能够批量地销售。

귀하가 가격을 낮추었으면 합니다. 그러면 우리 회사는 대량으로 판매할 수 있습니다.

(4) 。。。一。。。就。。。: ___하자마자, 곧

a. 我方一收到贵方的"装运函"就将货物发出。

귀하의 선적서를 받으면 즉시 화물을 발송하겠습니다.

b. 我们已做好了充分的准备，一旦发生意外情况就会立即启动应急措施。

우리는 이미 충분한 준비를 마쳤습니다. 일단 의외의 상황이 발생하면 즉시 응급조치를 가동할 수 있습니다.

(5) 根据。。。规定: ___의 규정에 의거하다

a. 根据合同规定，我们将于下个月付款。

계약규정에 근거하여 우리는 다음 달 대금을 지불할 것입니다.

b. 根据国家的有关规定，这些产品需要经过严格的检验后才能上市销售。

국가의 관련 규정에 따라 이들 제품은 엄격한 검사를 거쳐야 시장에 판매할 수 있다.

(6) 将。。。寄上: ___을 부치다

a. 我公司已将邀请函寄上，请查收!

당사는 이미 초청장을 보냈으니, 확인 부탁합니다.

b. 为庆祝贵公司开业，我公司已将开业贺礼寄上，请查收。

귀사의 창업을 축하하기 위해 당사는 이미 개업선물을 보냈으니, 받아주시기 바랍니다.

## 복습

### 【第三节】

## [A] 다음 문장들을 다시 한 번 복습해 봅시다.

(1) 贵公司x月x日惠寄的“报价单“及服装的样品已收悉，谢谢！

(2) 我方对贵公司货物的品质和价格均感满意，现特订购下列货物：(订单号码：C 128)

(3) 请准时运达货物，以利我方需要谢谢。

(4) 我方一接到贵方的“装运函”，就立即开具转账支票。

(5) 现将“售货确认书“用”特快专递”(EMS)寄上，请查收。

(6) 感谢贵方的合作，希望我们能经常保持联系，并能进一步扩展贸易业务。

## [B] 적합한 단어를 넣으시오.

| 休闲　转账　运抵　指定　扩展　惠寄 |
|---|

(1) 这个季节_____款式的服装销路比较好。

이 계절의 레져복 스타일의 의류는 판로가 괜찮다.

(2) 订货以后，用银行_____的方式缴纳货款。

물건을 주문한 후에 은행 계좌이체 방식으로 대금을 납부해 주십시오.

(3) 请将回执寄到_____的售后服务中心。

배달증명서를 지정된 애프터 서비스(after service) 센터로 부쳐주십시오.

(4) 这批货物将于x月中旬_____，请注意接收。

이들 화물은 *월 중순에 도착되오니, 잘 받아 주십시오.

(5) 贵方_____的”订货单”已于今日收到。

귀사가 부친 주문서는 오늘 잘 받았습니다.

(6) 最近我们业务范围的不断_____,我们的销售网越来越广阔。

최근 우리 업무의 범위가 계속해서 확충되고 있어서 우리의 판매망이 갈수록 넓어지고 있습니다.

# 支付磋商函与装运通知函

## 第 九 周

第九周

# 支付磋商函与装运通知函

지불방식협의서와 선적통지서

**【내용소개】**

이번 주에는 지불방식협의서와 선적통지서를 작성시 지켜야 할 기본원리, 내용 및 형식에 대해 소개합니다.

【第一讲】 지불방식협의서와 선적통지서의 내용과 형식

【第二讲】 지불방식협의서와 선적통지서의 예문

## 【第一讲】 지불방식협의서와 선적통지서의 내용과 형식

### 【第一节】 학습요점

**[A] 다음 문장들을 해석해 봅시다.**

(1) 目前，在国际贸易中，通常使用的支付方式主要有："信用证、银行转账和汇票三种"。

현재 국제무역거래에서 통상 사용하는 주요 지불방식으로 신용장, 은행이체와 환어음' 등 3가지가 있다.

(2) "信用证"即是指买方通知他的银行开立以卖方为受款人、以所购货物金额为信用证金额的"书面保证文件"。

신용장은 구매자가 그가 거래하는 은행에 판매자를 수금인으로 하고 구매대금을 신용장상의 금액으로 개설할 것을 통지하는 서면보증 문서를 가리킨다.

(3) "银行转账"即是指把款项从买方在本国银行往来帐户上划拨到卖方在本国的银行往来帐上。

은행이체 방식은 구매비용을 구매자의 본국은행의 청산계정(open account)에서 판매자의 본국 거래은행의 청산계정으로 이체하는 것을 가리킨다.

(4) "装运通知函"是说明货物装运日期、装运车号、所附的单据等，以便办理提货手续的商业信函。

提货手续的商业信函。

선적통지서는 화물 수취 수속을 처리할 수 있도록 화물의 적재날짜, 적재차량의 번호, 첨부된 서류 등을 설명하는 비즈니스 문건이다.

(5) 装运之后，无论是按FOB还是CIF的价格成交，卖方都应履行合同规定，及时写信告诉买方，这封信就是“装运通知函”。

적재한 후 FOB나 CIF 가격으로 거래가 이루어졌든 간에 판매자는 계약규정을 이행해야 하며, 제 때에 서신을 보내 구매자에게 알려야 한다. 이 서한이 바로 선적통지서이다.

(6) 写明装运时间和估计到达的时间。

선적시간과 도착예정시간을 쓴다.

### [B] 다음 단어들의 용법을 파악해 봅시다.

(1) “开立”：개설하다

(2) “。。。采用。。。的方式”：___한 방식을 채택하다

(3) “就。。。进行。。。”：___에 대해 진행하다

(4) “由 A 签发。。。”： A가 서명날인하여 발행하다

(5) “按。。。结算。。。”：-___에 따라 결산하다

(6) “是 A还是B”： A 아니면 B

## 【第二节】 학습내용

### [A] 다음 문장들을 해석해 봅시다.

(1) “支付磋商函”是指:在贸易中，买方与卖方就如何付款等项事宜进行商榷的信函。

지불방식협의서는 무역거래에서 구매자와 판매자가 물건 대금을 어떻게 지급할 것인가 등의 사항에 대해 협의를 하는 서신을 가리킨다.

(2) 目前在国际贸易中，通常使用的支付方式主要有三种：

현재 국제무역 거래에서 통상 사용하는 주요 지불방식으로 다음과 같은 3가지가 있다.

a. “信用证”（Letter of Credit 简称 L/C）：它是银行信用介入国际货物买卖价款结算的产物。即指买方通知他的银行开立以卖方为受款人、以所购货物金额为信用证金额的“书面保证文件”。

신용장"(Letter of Credit 약칭 L/C) 은 은행의 신용이 국제화물 매매대금 결산에 개입된 산물이다. 즉 구매자가 그가 거래하는 은행에 판매자를 수금인으로 하고 구매대금을 신용장상의 금액으로 개설할 것을 통지하는 서면보증 문서를 가리킨다.

b. “银行转账”（Banker's Transfer）是指：把款项从买方在本国银行往来帐户上划拨到卖方在本国的银行往来帐户上。

은행이체 방식"(Banker's Transfer) 은 구매비용을 구매자의 본국은행의 청산계정에서 판매자의 본국 거래은행의 청산계정으로 이체하는 것을 가리킨다.

c. “汇票”（ Bill of Exchange 简称B/E ）是指：汇款人将款项存入当地的出票银行，由当地出票银行签发的、按照实际结算金额无条件支付给持票人或收款人的票据。

환어음 (Bill of Exchange 약칭 B/E) 이란 대금을 송금하는 사람이 대금을 현지의 환어음 발행 은행에 입금하면, 그 은행이 서명날인을 하고 발행하며, 실제 결제 금액대로 무조건적으로 환어음을 소지하고 있는 사람 혹은 돈을 받을 사람에게 지불하는 전표이다.

## [B] 지불방식협의서 작성시 지켜야 할 내용과 형식

(1) 标题：应在标题处写明“支付磋商函”。

제목: 제목 부분에는 "지불방식협의서"라고 써야 한다.

(2) 称谓：应在顶格处写明对方的名称。

호칭: 줄 맨 앞에 상대방의 명칭을 쓴다.

(3) 正文：

a. 写明采用何种付款方式。

b. 写明所应付款项的实际金额。

c. 写明有效期限，强调买卖双方应如约交货或付款。

d. 最后应以客气礼貌的 “企盼速复”、“期望早日收到贵方的信用证” 等语句结束。

본문

a. 어떠한 지불방식을 채택할 것인가에 대해 쓴다.

b. 대금을 지불해야 할 실제 금액을 쓴다.

c. 유효기간을 쓰고 매매쌍방이 계약대로 물건을 넘기거나 대금을 지불해야 할 것을 강조한다.

d. 끝으로"조속한 회신을 기다립니다"하루 빨리 귀하의 신용장을 받았으면 합니다" 등의 예의어로 끝을 맺는다.

(4) 落款：写明己方的名称，并注明年、月、日。

발신인 이름: 이쪽의 명칭을 쓰며, 아울러 년월일을 표기한다.

## [C]

"装运通知函"：是说明货物装运日期、装运车号、所附的单据等，以便办理提货手续的商业信函。

선적통지서는 화물 수취 수속을 처리할 수 있도록 화물의 적재날짜, 적재차량의 번호, 첨부된 서류 등을 설명하는 비즈니스 문건이다.

装运之后，无论是按FOB还是CIF的价格成交，卖方都应履行合同规定，及时写信告诉买方，这封信就是"装运通知函"。

적재한 후 FOB 또는 CIF 가격으로 거래가 이루어졌든 간에 판매자는 계약규정을 이행해야 하며, 제 때에 서신을 보내 구매자에게 알려야 한다. 이 편지가 바로 선적통지서이다.

它包括：合同号码或订单号码、商品名称、数量、货值、船名及起航日期等。卖方发货后，还必须向买方提供装运单据（包括：提单、发票和保险单据等。）

선적통지서에는 계약번호 혹은 주문번호, 상품명칭, 수량, 가격, 선박명 및 출항날짜 등이 포함된다. 판매자가 상품을 발송한 후에는 또한 구매자에게 선적서류(선하증권, 송장과 보험증권 등이 포함)를 제공해야 한다.

## [D] 선적통지서의 내용과 형식

(1) 标题：应在标题处写明"装运通知函"。

제목: 제목 부분에는"선적통지서"라고 써야 한다.

(2) 称谓：应在顶格处写明买方的名称。

호칭: 줄 맨 앞에 구매자의 명칭을 써야 한다.

(3) 正文：

a. 写明对方"订货号"。

b. 写明包装情况。

c. 写明装运时间和估计到达的时间。

d. 写明装运单据的名称。

e. 最后应以“感谢贵公司对我公司的支持”、“希望继续来函询价、订购”等语句作结尾语。

본문

a. 상대방의 주문번호를 쓴다.

b. 포장상태에 대해 쓴다.

c. 선적시간과 도착 예정시간을 쓴다.

d. 선적서류의 명칭을 쓴다.

e. 끝으로“귀사가 당사에 보내는 성원에 감사한다”“계속해서 가격문의나 주문을 바란다” 등의 말로 끝을 맺는다.

(4) 落款： 写明卖方的名称，并注明年、月、日。

발신인 이름: 판매자의 명칭을 쓰며, 아울러 년월일을 표기한다.

## 生词

商榷 shāngquè: 협의하다

介入 jièrù: 개입하다

受款人 shòukuǎnrén: 돈을 받는 사람

转账 zhuǎnzhàng: 이체하다

款项 kuǎnxiàng: 비용,조항

往来帐 wǎngláizhàng: 청산계정(open account, 상거래를 할 때 수시로 현금을 주고 받지 않고 일정한 기간의 거래를 모아서 차감액을 청산하는 방식)

划拨 huàbō: 다른 계좌로 이체하다

汇票 huìpiào: 환어음

存入 cúnrù: 돈 등을 집어넣다

出票 chūpiào: 수표나 어음을 발행하다

事宜 shìyí: 일

票据 piàojù: 어음, 수표 또는 유가증권

如约 rúyuē: 약속대로

企盼 qǐpàn: 바라다

单据 dānjù: 선적 등의 서류

手续 shǒuxù: 수속

履行 lǚxíng: 이행하다

起航 qǐháng: 출항하다

发票 fāpiào: 송장

货值 huòzhí: 화물의 가격

## 注释

(1) 。。。开立。。。: 개설하다

a. 我们应到银行开立本次交易所需要的信用证。

우리는 은행에 가서 이번 거래에 필요한 신용장을 개설해야 한다.

b. 收到货款后，应该马上开立收据。

대금을 받은 후 곧 바로 영수증을 발행해야 한다.

(2) 。。。采用。。。的方式: ___한 방식을 취하다

a. 公司将采用现场观摩的方式让客户了解产品的制作流程。

회사는 현장견학 방식으로 고객들에게 제품의 제작공정을 이해시키고자 한다.

b. 我公司一般采用开立信用证的方式来支付货款。

우리 회사는 일반적으로 신용장 개설 방식을 통해 대금을 지불한다.

(3) 。。。就。。。进行。。。: ___에 대해 ___을 하다

a. 在此次会议上，大家就生产改革的问题进行了深入的探讨。

이 번 회의에서 모두들 생산개혁 문제에 대해 철저한 검토를 하였다.

b. 在昨天的谈判中，贵我双方就产品的外观设计问题进行了具体的商榷。

어제 담판 중에 귀하와 우리 쌍방은 제품의 외관디자인 문제에 대해 구체적인 협의를 하였습니다.

(4) 。。。由。。。签发。。。: ___가 날인하고 발행하다

a. 经营许可证将由有关部门签发。

영업허가증은 관련부서에서 날인하고 발급할 것이다.

b. 质量过关的产品，经过质检后，将由有关部门签发合格证。

품질표준을 통과한 제품은 품질검사 후 관련부서에서 합격증을 발급할 것이다.

(5) 。。。按。。。结算。。。: ___에 의거 결산하다

a. 公司会计按经理的要求结算了本月产品的利润。

회사의 회계는 매니저(manager)의 요구에 따라 이번 달 제품의 이윤을 결산하였다.

b. 我们会按照合同的要求用美元结算货款的。

우리는 계약 요구 사항에 따라 미화로 물건대금을 결산할 것이다.

(6) 是 A 还是 B : A 아니면 B

a. 你今天是上班还是休息?

당신 오늘 출근합니까 아니면 쉽니까?

b. 这种家公司是继续经营下去呢还是进行破产清算?

이런 회사는 계속 경영해 나가야 하는지 아니면 파산절차를 거쳐 청산해야 하는지?

복습

## 【第三节】

### [A] 다음 문장들을 다시 한 번 복습해 봅시다.

(1) 目前，在国际贸易中，通常使用的支付方式主要有："信用证、银行转账和汇票三种"。

(2) "信用证"即是指买方通知他的银行开立以卖方为受款人、以所购货物金额为信用证金额的"书面保证文件"。

(3) "银行转账"即是指把款项从买方在本国银行往来帐户上划拨到卖方在本国的银行往来帐上。

(4) "装运通知函"是说明货物装运日期、装运车号、所附的单据等，以便办理提货手续的商业信函。

(5) 装运之后，无论是按FOB还是CIF的价格成交，卖方都应履行合同规定，及时写信告诉买方，这封信就是"装运通知函"。

(6) 写明装运时间和估计到达的时间。

### [B] 적합한 단어를 넣으시오.

| 商榷　介入　手续　划拨　存入　履行 |
|---|

(1) 现在我提出了几点看法，请诸位_____。
현재 우리는 몇 가지 관점을 제시하였으니, 여러분들께서 협의해 주시기 바랍니다.

(2) 先要办理相关_____才能入关。
먼저 관련 수속을 밟아야 세관에 들어갈 수 있다.

(3) 当外汇市场发生危机时，政府需要积极的_____以平稳市场。
외환시장에서 위기가 발생할 때 정부는 적극적으로 개입해서 시장을 안정시켜야 한다.

(4) 请在收到货物以后，及时_______货款到我方使用的银行帐户上。
화물을 받은 후 제때에 물건대금을 우리가 거래하는 은행계좌에 이체해 주십시오.

(5) 请会计马上把收回来的货款_______银行。
회계사께서는 곧바로 수금한 대금을 은행에 넣어주십시오.

(6) 在比赛时，裁判员应该严格地____自己的职责。
시합할 때, 심판은 엄격히 자신의 책무를 수행해야 한다.

## 【第二讲】 지불방식협의서와 선적통지서의 예문

### 【第一节】 학습요점

### [A] 다음 문장들을 해석해 봅시다.

(1) 我们同意贵方付款条件的建议，并在此列出我方所商定的付款条件。

우리는 귀사의 지불조건에 대한 건의에 동의하는 바입니다. 아울러 여기에 당사가 상의한 지불조건에 대해 (다음과 같이) 열거하고자 합니다.

(2) 我们通常采用“保兑的，不可撤销的、凭即期汇票支付的信用证”。

우리는 통상 지불보장, 철회불가의 일람부 지불방식의 신용장 방식을 사용합니다.

(3) 为了扩大贸易业务，我方对贵方的试订单采用D/P付款方式。

귀사와의 무역업무를 더욱 발전시키기 위해 당사는 귀사의 시범적인 주문에 대해 D/P 지불방식을 사용합니다.

(4) 请在收到“信用证”后即安排发运我们所订购的货物。

신용장을 받은 후 즉시 우리가 주문한 화물을 발송할 수 있도록 조처해 주십시오.

(5) 希望贵方尽早告知我们运货船名和开航日期。

선적 선박명과 출항 날짜를 최대한 빨리 알려주시기 바랍니다.

(6) 兹随函附寄上下列装运单据，以便贵公司核实。

지금 선적 명세서를 다음과 같이 첨부하오니, 대조해 주시기 바랍니다.

### [B] 다음 단어들의 용법을 파악해 봅시다.

(1) “。。。对。。。采用。。。”: ___에 대해 ___방식이나 수단을 채용하다

(2) “。。。同意。。。的建议”: ___에 대한 건의에 동의하다

(3) “。。。通过。。。开立。。。”: ___을 통해 ___을 개설하다

(4) “承蒙”: 상대방으로부터 어떤 선의의 행동을 받았을 때 사용하는 인사말

(5) “。。。由于。。。故。。”: ___때문에, 그 결과 ___하다

(6) “。。。已于。。。”: 이미 ___에, 또는 이미 ___에서

## 【第二节】 각종 서신 예

예문一

### 支付商榷函（ 一 ）（ 卖方与买方商谈付款条件函 ）

韩国汉阳株式会社：

贵方xx月xx日来函已详悉。我方同意贵方付款条件的建议，并在此列出我方所商定的付款条件：

1) 我们通常采用“保兑的，不可撤销的、凭即期汇票支付的信用证”。

2) 贵方向我方所报价格为净价，不含任何折扣。

3) 为了扩大贸易业务，我方对贵方的试订单采用D/P作为付款方式。

希望上述付款方式能为贵方接受，并能尽快收到贵方的试订单。

企盼速复。

即颂

大安

上海鸿业贸易公司

xxxx年xx月xx日

**지불방식에 관한 협의서 (一)**

**(판매자와 구매자가 지불조건에 대해 협의하는 서신)**

한국 한양주식회사 귀하,

귀사가 **월 **일 보내신 서신 잘 읽었습니다. 당사는 귀사의 지불조건에 대한 건의에 동의하는 바입니다. 아울러 당사가 상의한 지불조건에 대해 다음과 같이 열거하고자 합니다.

1) 우리는 통상 지불보장, 철회불가의 일람부 지불방식의 신용장 방식을 사용합니다.

2) 귀사가 우리에게 견적을 낸 가격은 실가이며, 어떠한 할인도 포함되어 있지 않습니다.

3) 귀사와의 무역업무를 더욱 발전시키기 위해 당사는 귀사의 시범적 주문에 대해 D/P로 지불방식으로 하고자 합니다. (D/P지불방식, 즉 Document against Payment란 상대방이 무역대금을 결제해야만 선적서류를 인도인수받아 해당화물을 찾는 방식이다)

위에서 언급한 지불방식에 대해 귀사도 동의해 주시기 바랍니다. 아울러 일단 귀사의 주문서를 한 번 받아 봤으면 합니다. 조속한 답신을 기다리며, 평안을 빌겠습니다.

상해 홍업무역회사

****년**월**일

memo

예문二

## 支付商榷函（二）（买方通知已开信用证函）

上海鸿业贸易公司：

贵方xx月xx日来函已收悉。我方已由韩国第一银行开出了以贵方为受益人的、保兑的、不可撤销的“6688号信用证”，金额为60000美金，到期日为xx月xx号。现特函提请注意。

由于销售季节即将临近，我方急需此货。故请在收到信用证后即安排发运我们所订购的货物。希望贵方尽早告知我们运货船名和开航日期。

承蒙合作，谨致谢意！

韩国汉阳株式会社

xxxx年xx月xx日

**지불방식에 관한 협의서 (二)**
**(구매자가 이미 신용장을 개설하였음을 통지하는 경우)**

상해 홍업무역회사 귀하,

귀사의 **월 **일 편지 잘 받아보았습니다. 당사는 이미 한국제일은행을 통해 귀사를 수취인으로 하며 지불보장, 철회불가의 6688호 신용장을 개설하였습니다. 금액는 미화 60,000불이며, 만기는 **월 **일입니다. 관심을 갖고 계십사하고 지금 이 편지를 보내는 바입니다.

판매성수기가 곧 다가오고 있어서 당사는 이 상품이 급히 필요합니다. 신용장을 받으면 즉시 당사가 주문한 화물을 발송할 수 있도록 조치해 주십시오. 선적 선박명과 출항 날짜를 최대한 빨리 알려주시기 바랍니다. 귀사와 협력을 하게 되어 감사드립니다.

한국 한양주식회사

****년**월**일

memo

예문三

## 装运通知函

韩国汉阳株式会社：

根据贵公司第C128号订购函中的要求，我方已于xx月xx日将儿童系列服装（3000套）和中老年休闲系列服装（3000套）交付托运，预计三天后到达韩国仁川市。6000套服装分30箱包装，每个包装箱上均标有我公司的标记。

兹随函附寄上下列装运单据，以便贵公司核实。

1) 我方第28号发票一份

2) 第126号货运提单一份

3) 第168号装箱单一份

4) 第188号保险单一份

5) 第228号检验单一份

感谢贵公司对我公司的支持，望继续来函询价、订购。

谨祝

顺利

中国上海鸿业贸易公司

xxxx年xx月xx日

선적통지서

한국 한양주식회사 귀하,

귀사의 제 C128호 주문서의 요구에 따라 당사는 **월**일 아동복 3,000벌과 중장노년층 레져복 3,000벌을 탁송하였습니다. 3일 후 한국 인천에 도착될 예정입니다. 6,000벌은 30상자로 포장되었으며, 포장상자마다 당사의 표시가 찍혀 있습니다. 지금 선적 명세서를 다음과 같이 첨부하오니, 대조해 주시기 바랍니다.

1) 당사의 제 28호 송장 1부

2) 제 126호 선하증권 1부

3) 제 168호 포장명세서 1부

4) 제 188호 보험증권 1부

5) 제 228호 검사서 1부

귀사가 보내주시는 성원에 감사드리며 지속적인 견적의뢰와  주문 부탁드립니다. 만사가 순조롭기를 빌며,

중국 상해홍업무역회사

****년**월**일

memo

## 生词

列出 lièchū: 열거하다

商定 shāngdìng: 협의하여 결정하다

净价 jìngjià: 원가, 에누리가 포함되지 않은 실제가격

预计 yùjì: 예측되다

企盼 qǐpàn: 바라다

特函 tèhán: 특별히 편지를 쓰다

提请 tíqǐng: 제청하다

到期 dàoqī: 기한이 되다, 만기가 되다

安排 ān pái: 안배하다

交付 jiāofù: 교부하다

托运 tuōyùn: 탁송하다

装箱单 zhuāngxiāngdān: 포장명세서

保险单 bǎoxiǎndān: 보험증서, 보험증권

检验单 jiǎnyàndān: 검사서

试订单 shìdìngdān : 일단 시범적으로 주문을 해보는 주문서

核实 héshí: 사실을 확인하다

谨致 jǐnzhì: 삼가 ____을 나타내다

临近 línjìn : 다가오다

## 注释

(1) 。。。对。。。采用。。。: ____에 대해 ____방식이나 수단을 채용하다

a. 对这个工程只有采用这中施工方式才能完成。

이 공정에 대해서는 이런 시공방식을 택해야만 완성할 수 있다.

b. 我们对产品的生产流程采取了严格的监控。

우리는 제품생산 과정에 대해 엄격한 감시시스템을 사용하였다.

(2) 。。。同意。。。的建议: ___에 대한 건의에 동의하다

a. 我方同意贵方开立信用证为付款方式的建议。

우리는 귀하가 신용장 개설을 대금 지급 방식으로 하자는 건의에 동의한다.

b. 大家同意了他的建议。

모두들 그의 건의에 동의하였다.

(3) 。。。通过。。。开立。。。: ____를 통해 ____을 개설하다

a. 我方将通过中国银行开立信用证。

우리는 중국은행을 통해 신용장을 개설할 것이다.

b. 我们通过韩国国民银行开立了一张600000美元的信用证。

우리는 한국 국민은행을 통해 미화 60만달러의 신용장을 개설하였다.

(4) 承蒙。。。: 상대방으로부터 어떤 선의의 행동을 받았을 때 사용하는 인사말

a. 承蒙您的热情款待，我们度过了美好的一天。

당신의 열정적인 환대를 받으며 우리는 아름다운 하루를 보냈습니다.

b. 承蒙贵公司的支持，我们顺利地完成了本次交易。

귀사의 성원으로 우리는 순조롭게 이번 거래를 성사시켰습니다.

(5) 由于。。。故。。。: ___때문에, 그 결과 ___하다

a. 由于今天下雨，故下午的活动被取消了。

오늘 비가 왔기 때문에 오후 활동은 취소되었다.

b. 由于双方仍存在很多分歧，故这次谈判没有成功。

쌍방 사이에 여전히 많은 의견차이가 존재해서 이번 담판은 성공하지 못하였다.

(6) 。。。已于。。。: 이미 ____에, 또는 이미 ___에서

a. 中国已于2001年加入WTO，中国与世界的贸易往来将会更加频繁。

중국은 이미 2001년에 WTO에 가입하여 중국과 세계 각국의 무역거래는 더욱더 빈번해질 것이다.

b. 本公司已于上星期将货物全部发送，请贵方注意查收。

당사는 이미 지난 주에 화물을 전부 발송하였으니, 잘 살펴주시기 바랍니다.

## 복습

### 【第三节】

### [A] 다음 문장들을 다시 한 번 복습해 봅시다.

(1) 我们同意贵方付款条件的建议，并在此列出我方所商定的付款条件。

(2) 我们通常采用“保兑的，不可撤销的、凭即期汇票支付的信用证”。

(3) 为了扩大贸易业务，我方对贵方的试订单采用D/P付款方式.

(4) 请在收到信用证后即安排发运我们所订购的货物。

(5) 希望贵方尽早告知我们运货船名和开航日期。

(6) 兹随函附寄上下列装运单据，以便贵公司核实。

### [B] 적합한 단어를 넣으시오.

| 列出　商定　预计　到期　安排　交付 |
|---|

(1) 我们已经在收货单上_____了产品的清单。

우리는 이미 물건 수령서에 제품의 명세서를 열거하였습니다.

(2) _______今年的产量比去年要翻两番。

금년의 생산량은 작년 보다 4배될 것으로 예측된다.

(3) 今天下午的谈判中，双方______了合作的具体事宜。

오늘 오후 담판에서 쌍방은 협력의 구체적인 사항을 협의 결정하였다.

(4) 我们现在持有的期货，这个月底即将_______。

우리가 현재 보유하고 있는 선물(先物)은 이번 달 말에 만기가 된다.

(5) 新的生产中心，将在下个月竣工并______使用。

새로운 생산센터가 다음 달 준공, 인도되어 사용하게 됩니다.

(6) 航空公司给您_____了明天的航班。

항공회사가 당신에게 내일 항공편을 안배해 주었습니다.

# 催款函与商品检验证明函

## 第 十 周

第十周

# 催款函与商品检验证明函

## 대금재촉서와 상품검사증명에 관한 서신

**【내용소개】**

이번 주에는 대금재촉서와 상품검사증명에 관한 서신 작성시 지켜야 할 기본원리, 내용 및 형식에 대해 소개합니다.

【第一讲】 대금재촉서와 상품검사증명에 관한 서신의 내용과 형식

【第二讲】 대금재촉서와 상품검사증명에 관한 서신의 예문

## 【第一讲】 대금재촉서와 상품검사증명에 관한 서신의 내용과 형식

### 【第一节】 학습요점

**[A] 다음 문장들을 해석해 봅시다.**

(1) “催款函”是指卖方在买方收到货物后，逾期未付款结算的情况下，所用的提醒买方及时付款结账的信函。

대금재촉서는 판매자가, 구매자가 화물을 받은 후 기한이 넘었는데도 돈을 지불하지 않는 상황에서, 구매자에게 제 때에 대금을 지불해서 결산해 줄 것을 상기시키는 서신이다.

(2) 写明催款单位和欠款单位的全称和账号。

대금을 재촉하는 기관과 돈을 지불하지 않은 기관의 전체 명칭과 계좌번호를 쓴다.

(3) 写明双方交易往来的原因、日期、发票号码、欠款金额、拖欠货款等情况。

쌍방의 거래 원인, 날짜, 송장번호, 채무금액, 대금을 지급하지 않고 미루고 있는 상황에 대해 쓴다.

(4) “商品检验证明函”是交易双方磋商商检证书出具地的选择和其效力等问题时所用的信函。

상품검사증명에 관한 서신은 거래 쌍방이 상품검사증명서를 어디에서 발행할 지와 그 효력 등 문제에 대해 협의할 때 사용되는 서한이다.

(5) 引述商品检验证明函的要求。

(상대방이 제시한) 상품검사증명 요청의 내용을 인용 서술한다.

(6) 写明处理意见。

(이쪽에서) 어떻게 처리할 것인가에 대한 의견을 쓴다.

## [B] 다음 단어들의 용법을 파악해 봅시다.

(1) “。。。所用的。。。”：사용하는

(2) “。。。必要时。。。”：필요할 때

(3) “。。。引述。。。要求”：___의 요구를 인용하여 서술하다

(4) “。。。写明。。。意见”：___의 의견을 쓰다

(5) 就: 就의 용법은 매우 다양하다. 이번 주 강의에서는“___에 대하여” 용법으로 사용되고 있다.

(6) “表明。。。态度”：태도나 입장을 표명하다

## 【第二节】 학습내용

## [A]

“催款函”是指：卖方在买方收到货物后，逾期未付款结算的情况下，所用的提醒买方及时付款结账的信函。

대금재촉서는 판매자가, 구매자가 화물을 받은 후 기간이 넘었는데도 돈을 지불하지 않는 상황에서, 구매자에게 제 때에 대금을 지불해서 결산해 줄 것을 상기시키는 서신이다.

## [B]

대금재촉서 작성시 내용과 형식에 대한 요구사항

(1) 标题：应在标题处写明：“催款函”。

제목: 제목 부분에는“대금재촉서”라고 써야 한다.

(2) 称谓：应在顶格处写明买方的称谓。

호칭: 줄 맨 앞에 구매자의 호칭을 써야 한다.

(3) 正文：

a. 写明催款单位和欠款单位的全称和账号，必要时写上催款单位的地址、联系电话、经办人的姓名等。

b. 写明双方交易往来的原因、日期、发票号码、欠款金额、拖欠货款等情况。

c. 写明处理意见。

본문

a. 대금독촉 기관과 돈을 지불하지 않은 기관의 전체 명칭과 계좌번호를 쓰고, 필요 시 재촉하는 기관의 주소, 연락전화번호, 담당자의 성명 등을 쓴다.

b. 쌍방의 거래 원인, 날짜, 송장번호, 채무금액, 대금을 지급하지 않고 미루고 있는 상황에 대해 쓴다.

c. 어떻게 처리할 것인가에 대한 의견을 쓴다.

(4) 落款：写明催款单位的名称，并注明年、月、日。

발신인 이름: 대금재촉 기관의 명칭을 쓰며, 아울러 년월일을 표기한다.

## [C]

“商品检验证明函”是指：交易双方磋商商检证书出具地的选择和其效力等问题的时所用的信函。

상품검사증명에 관한 서신은 거래 쌍방이 상품검사증명서를 어디에서 발행할 지와 그 효력 등 문제에 대해 협의할 때 사용되는 서신이다.

## [D]

상품검사증명에 관한 서신 작성시 내용 및 형식에 대한 요구사항

(1) 标题：应在标题处写明：“商品检验证明函”。

제목: 제목 부분에 “상품검사증명에 관한 서신”이라고 써야 한다.

(2) 称谓：应在顶格处写明买方的称谓。

호칭: 줄 맨 앞에 구매자의 호칭을 써야 한다.

(3) 正文：

a. 引述商品检验证明函的要求。

b. 表明本方的态度。

c. 写明处理意见。

본문

a. 상대방이 제시한 상품검사증명 요청의 내용을 인용 서술한다.

b. 이쪽의 입장을 표명한다.

c. 어떻게 처리할 것인가에 대한 의견을 쓴다.

(4) 落款：写明卖方的名称，并注明年、月、日。

발신인 이름: 판매자의 명칭을 쓰며, 아울러 년월일을 표기한다.

## 生词

催款 cuīkuǎn: 대금을 재촉하다
证明 zhèngmíng: 증명하다
未付 wèifù: 아직 지불하지 않다
结账 jiézhàng: 결산하다
单位 dānwèi: 상황에 따라 '기관'이 될 수도 있고, '회사'도 될 수 있고, 어느 한 '부서'도 될 수 있다.
全称 quánchēng: 전체 명칭
账号 zhànghào: 계좌번호
必要 bìyào: 필요하다
经办 jīngbàn: 취급하다
往来 wǎnglái: 왕래
欠款 qiànkuǎn: 돈을 빚지다
拖欠 tuōqiàn: 돈을 갚지 않고 질질 끌다
货款 huòkuǎn: 물건대금
处理 chǔlǐ: 처리하다
商检 shāngjiǎn: 상품검사
证书 zhèngshū: 증서
出具地 chūjùdì: 발급지
引述 yǐnshù: 인용하여 서술하다
逾期 yúqī: 기한을 넘기다

## 注释

(1) 。。。所用的。。。: 사용하는

a. 制作蛋糕所用的材料有:面粉、鸡蛋、糖等。

케이크를 제작할 때 사용하는 재료로는 밀가루, 달걀, 설탕 등이 있다.

b. 制作这个产品所用的材料是有机玻璃等。

이 제품을 제작할 때 사용하는 재료로는 유기유리 등이 있다.

(2) 必要时: 필요할 때

a. 必要时可采取紧急措施，以保证施工的安全。

필요 시에는 긴급조치를 취해서 공사 안전을 보장할 수 있다.

b. 必要时可以启动紧急营救措施来确保旅客的安全。

필요 시에는 긴급 구제조치를 가동해서 여행객의 안전을 확보할 수 있다.

(3) 。。。引述。。。要求: ___의 요구를 인용 서술하다

a. 这篇文章中引述了原告人的要求。

이 글에서 원고의 요구사항에 대해 인용 서술하였다.

b. 这些相关文件中引述了买方对于赔偿金额的要求。

이들 관련 문건에서 배상액에 대한 구매자의 요구를 인용 서술하였다.

(4)。。。写明。。。意见: ___의 의견을 쓰다

a. 请在回执上写明您的使用意见。

배달수령증에 당신의 사용의견을 써 주십시오.

b. 请在合同上写明您的索赔意见。

계약서상에 당신의 배상요구에 대한 의견을 써 주십시오.

(5) 就: ___에 대하여

a. 大家就这个问题进行了讨论。

모두들 이 문제에 대해 토론을 하였다.

b. 就这门考试来说，我们班的及格率达到了95%。

이 시험에 대해 말할 것 같으면, 우리 반의 합격률은 95%에 달했다.

(6) 。。。表明。。。态度: ___의 태도를 표명하다

a. 在这件事情上你要表明你的态度。

이 일에 있어서 당신의 태도를 표명하여야 한다.

b. 您可以通过书信的方式来表明您对这件事情的态度。

당신은 서신 형식으로 이 일에 대한 입장을 표명해도 된다.

복습

## 【第三节】

### [A] 다음 문장들을 다시 한 번 복습해 봅시다.

(1) "催款函"是指卖方在买方收到货物后，逾期未付款结算的情况下，所用的提醒买方及时付款结账的信函。

(2) 写明催款单位和欠款单位的全称和账号.

(3) 写明双方交易往来的原因、日期、发票号码、欠款金额、拖欠货款等情况。

(4) "商品检验证明函"是交易双方磋商商检证书出具地的选择和其效力等问题时所用的信函。

(5) 引述商品检验证明函的要求。

(6) 写明处理意见。

### [B] 적합한 단어를 넣으시오.

| 催款　商检　证明　结账　拖欠　逾期 |
|---|

(1) 我公司只进口通过了_____的产品。

우리 회사는 물품검사를 통과한 제품만 수입한다.

(2) 今天下午他去那个公司______了，听说明天会给我们结算货款的。

오늘 오후에 그는 그 회사에 가서 대금지불을 재촉하였는데, 내일 우리에게 물건값을 결제할 것이라고 한다.

(3) 这个结果_______我们当初的选择是正确的。

이 결과는 당초 우리의 선택이 옳았다는 것을 증명한다.

(4) 我们对于贵方______货款的行为非常反感。

우리는 귀하가 지불을 계속 미루고 있는 것에 대해 커다란 반감을 갖고 있습니다.

(5) 明天下午我们就去给您______，请您提前告知我们应结货款的金额。

내일 오후 우리는 당신에게 결산을 해 드리겠습니다. 먼저 우리에게 얼마를 결산해야 하는 지 알려 주십시오.

(6) 请贵方按时发货，若是____，我方将按合同中的条款索赔。

제 시간에 물건을 발송해 주십시오. 만약 기한이 지나면 저희는 계약서의 조항에 따라 배상을 요구할 것입니다.

## 【第二讲】 대금재촉서와 상품검사증명에 관한 서신의 예문

### 【第一节】 학습요점

#### [A] 다음 문장들을 해석해 봅시다.

(1) 因业务繁忙贵方可能忽略了及时向我方承付货款。

업무가 바빠서 귀측이 아마 제 때 우리에게 물건 대금 지급할 것을 잊으신 것 같습니다.

(2) 故特致函提醒，请即结算为盼。

따라서 이 편지를 써서 알려드리니 즉시 결산해 주시길 바랍니다.

(3) 若逾期，即按银行规定，加收千分之二的罚金。

만약 기일을 넘기면 은행 규정에 따라 0.2%의 연체료를 추가로 받습니다.

(4) 由中国进出口商品检验局出具的有关商品品质和质量证明书为商检依据。

중국수출입상품검역소가 발행한 관련 상품품질/중량 증명서가 상품검사 근거가 됩니다.

(5) 若贵方需要复验到货，则可由贵方自行决定。

만약 귀측이 다시 화물을 검사할 필요가 있으면 귀측 스스로 결정할 수 있습니다.

(6) 贵方要求索赔，则须按我方规定，在货物到达目的港后30天内提出，并提供经我方同意的、由公证机构出具的检验报告。

귀측이 손해배상을 청구하면 우리측 규정에 따라 화물이 목적지 항구에 도착한 후 30일 이내에 제기해야 하며, 아울러 우리가 동의하고 공증기관이 발급한 검사보고서를 제시해야 합니다.

#### [B] 다음 단어들의 용법을 파악해 봅시다.

(1) "因。。。而。。。" : ___ 때문에 그 결과 ___하다

(2) "若。。。即。。。" : 만약 ___하면,

(3) "如有。。。请与。。。联系" : 만약 ___한 상황이 되면, ___와 연락하십시오

(4) "如若。。。应以。。。" : 만약 ___하면, 마땅히 ___로써

(5) "若。。。则。。。" : 만약 ___하면, ___된다

## 【第二节】 각종 서신 예

예문一

### 催款函范例

韩国汉阳株式会社：

贵方于xxxx年xx月xx日向我方订购：儿童系列服装3000套和中老年休闲服装3000套，货款金额总计168000美元，发票编号为28号。

因业务繁忙贵方可能忽略了及时向我方承付货款，故特致函提醒，请即结算为盼。我公司的账号为：667788。若逾期，即按银行规定，加收千分之二的罚金，如有特殊情况，请与我公司财务室张先生联系。电话：0086--13922556688。邮正编码：210000，地址：中国上海市宝山区友谊支路78号。

特此函达，恭候回音。

中国上海鸿业贸易公司

xxxx年xx月xx日

**대금재촉서**

한국 한양주식회사 귀하,

귀측은 ****년**월**일 우리에게 다음과 같은 물건을 주문하였습니다: 아동복 3,000벌과 중장노년층 레져복 3,000벌, 물건대금은 합계 미화 168,000불이며, 송장 일련번호는 28호입니다.

업무가 바쁘셔서 아마 제 때 우리에게 물건 대금 지급할 것을 잊으신 것 같습니다. 이에 알려드리니 즉시 결산해 주시기 바랍니다. 우리 회사의 계좌번호는 667788입니다. 만약 기일이 넘으면 은행 규정에 따라 0.2%의 연체료를 추가로 받습니다. 만약 특별한 사정이 있으면 우리 회사 재무실의 장선생과 연락하시기 바랍니다. 전화번호는 0086--13922556688, 우편번호는 210000, 주소는 中国上海市宝山区友谊支路78号입니다. 이상과 같이 알려드리니 답장을 기다리겠습니다.

중국 상해홍업무역회사

****년**월**일

memo

예문二

## 商品检验证明函

韩国汉阳株式会社：

贵方xxxx年xx月xx日来函及C128号订单已收到。对贵方所提出的：订购的服装的质量应具商检证明，如若发生索赔，应以目的港公证行的检验条文为依据的问题，现答复如下：

我方做出口交易时，在一般的条款中明确规定：由中国进出口商品检验局出具的有关商品品质和质量证明书为商检依据。若贵方需要复验到货，则可由贵方自行决定。如发生异议，贵方要求索赔，则须按我方规定，在货物到达目的港后30天内提出，并提供经我方同意的由公证机构出具的检验报告。特此函告。

敬请回复。

中国上海鸿业贸易公司

xxxx年xx月xx日

**상품검사증명에 관한 서신**

한국 한양주식회사 귀하,

귀사의 ****년**월**일자 서신 및 C128호 주문서를 잘 받았습니다. 귀측이 제시한 주문한 의류의 품질에 대해 상품검사증명이 있어야 하며 만약 손해배상이 발생하면 목적지 항구의 공증기관의 검사조례에 의거해야 한다는 문제에 대해 다음과 같이 회답하는 바입니다:

당사는 수출거래를 할 때 일반 조항에 다음과 같이 명확하게 규정하고 있습니다. 중국 수출입검역국이 발행한 관련 상품품질증명서를 제품검사 근거로 삼고 있습니다. 만약 귀사가 제품에 대한 검사가 다시 필요하면 귀사가 스스로 결정하실 수 있습니다. 만약 이의가 있어서 손해배상을 청구하게 되면 당사의 규정에 따라 화물이 목적지 항구에 도착한 후 30일 이내에 제기해야 하며, 아울러 우리가 동의한 공증기관이 발행한 검사보고서를 제출해야 합니다. 이상과 같이 알려드리니 회신 부탁드립니다.

중국 상해홍업무역회사

****년**월**일

memo

## 生词

总计 zǒngjì: 합계

编号 biānào: 일련번호

账号 zhànghào: 계좌번호

繁忙 fánmáng: 바쁘다

忽略 hūlüè: 소홀히 하다

承付 chéngfù: 지불책임을 지다

致函 zhìhán: 편지를 보내다

罚金 fájīn: 벌금

函达 hándá: 편지를 내다

应具 yīngjù: ___이 구비되어야 한다

条文 tiáowén: 법규 등의 조문

商检局 shāngjiǎnjú: 제품검사국

品质 pǐnzhì: 품질

依据 yījù: 근거

复验 fùyàn: 다시 검사하다

自行 zìxíng: 알아서 하다

异议 yìyì: 이의, 이견

提供 tígōng: 제공하다

机构 jīgòu: 기구, 기관

出具 chūjù: 발행하다

## 注释

(1) 因。。。而。。。: ___ 때문에 그 결과 ___된다. 而은 단순히 두 문장을 연결시켜 주는 역할을 한다

a. 事情的结果是不确定的，因人而异。

일의 결과는 확실하지 않다. 사람에 따라 달라진다.

b. 因天气情况而造成交货时间的延误，我方不负责赔偿。

날씨 상황으로 인해 발생되는 물건인도 시기의 지연에 대해 우리측은 배상을 책임지지 않습니다.

(2) 若。。。即。。。: 만약 ___하면, ___한다

a. 若贵方能再给我们一些折扣，我们即考虑增加订单。

만약 귀측이 좀더 할인을 해 줄 수 있으면, 우리는 주문을 좀더 늘릴까 고려하겠습니다.

b. 贵公司若能提前交货，我方即一次性支付全部货款。

귀사가 만약 물건인도를 앞당긴다면 당사는 한번에 대금 전부를 지불합니다.

(3) 如有。。。请与。。。 联系: 만약 ___한 상황이 되면 ____와 연락하십시오

a. 如有任何异议，请与张经理联系。

만약 어떠한 이의가 있으면 장 부장과 연락하십시오.

b. 如有质量问题，请与售后服务中心联系。

만약 품질에 문제가 있으면 애프터서비스 센터와 연락하십시오.

(4) 如若。。。应以。。。: 만약 ___하면, 마땅히 ___로써

a. 如若出现问题，你应以大局为重。

만약 문제가 발생하면 대세를 더 중요시 해야 한다.

b. 如若不能按时交货，应以合同规定的细则进行相应的赔偿。

만약 기일대로 물건을 넘겨주지 못하면, 계약 규정의 세칙에 따라 상응하는 배상을 해야 한다.

(5) 如。。。则。。。: 만약 ___하면, ___한다

a. 若我方能找到丢失的产品，则贵方就不用履行赔偿义务了。

만약 우리가 잃어버린 제품을 찾아내면 귀사는 배상의무를 이행할 필요가 없습니다.

b. 若能找到一个合适的公司，则能顺利地开展投资业务了。

만약 적당한 회사를 찾아내면 순조롭게 투자를 할 수 있게 된다.

## 복습

### 【第三节】

### [A] 다음 문장들을 다시 한 번 복습해 봅시다.

(1) 因业务繁忙贵方可能忽略了及时向我方承付货款。

(2) 故特致函提醒，请即结算为盼。

(3) 若逾期，即按银行规定，加收千分之二的罚金。

(4) 由中国进出口商品检验局出具的有关商品品质和质量证明书为商检依据。

(5) 若贵方需要复验到货，则可由贵方自行决定。

(6) 贵方要求索赔，则须按我方规定，在货物到达目的港后30天内提出，并提供经我方同意的、由公证机构出具的检验报告。

### [B] 적합한 단어를 넣으시오.

| 繁忙　忽略　承付　条文　依据　机构 |
|---|

(1) 最近是销售旺季，所以公司的业务非常的______。

최근은 판매 성수기입니다. 그래서 회사업무가 매우 바쁩니다.

(2) 请贵公司及时向我方______全部货款。

제 때에 우리에게 대금 전부를 책임지고 지불해 주십시오.

(3) 这件事情上我们______了一个重要的细节。

이 번 일에서 우리는 중요한 세부사항을 소홀히 하였다.

(4) 解决这个问题一定要以事实为______。

이 문제를 해결하려면 사실을 근거로 해야 한다.

(5) 中国海关是负责进出口业务的专门______。

중국 세관은 수출입 업무를 책임지는 전문기관이다.

(6) 合同上写明了双方需要承担的法律责任，这些都是根据有关______而制定的。

계약서 상에 쌍방이 짊어져야 할 법률적 책임을 명시하였다. 이들은 모두 관련 조항에 근거하여 제정한 것이다.

# 保险单与投诉处理函

## 第十一周

# 第十一周 保险单与投诉处理函

## 보험증서와 불만제기에 대한 처리 서신

**【내용소개】**

이번 주에는 보험증서와 고객의 불만제기에 대해 어떻게 처리할 것인가에 대한 문서 작성시 지켜야 할 기본원리, 내용 및 형식에 대해 소개합니다.

【第一讲】 보험증서와 불만제기에 대해 어떻게 처리할 것인가에 대한 서신의 내용과 형식

【第二讲】 보험증서와 불만제기 처리에 관한 서신의 예문

## 【第一讲】 보험증서와 불만제기에 대해 어떻게 처리할 것인가에 대한 서신의 내용과 형식

### 【第一节】 학습요점

### [A] 다음 문장들을 해석해 봅시다.

(1) “流动保单”是指它为大量的货物承保很长一段时间，通常为一年。

선명미상 적하(船名未詳 積荷) 보험은 대량의 화물을 위해서 장기간 위험보장을 해 주는데, 통상 1년이다.

(**보충설명**: 流动保单 (Floating Policy)은 보험자와 피보험자가 먼저 보험 대상 화물의 총액, 보험률, 기간 등등의 사항에 대해 총체적으로 약정을 한 다음, 화물이 선적되어 출항하게 되면 피보험인은 즉시 선박명과 화물의 총액 등을 보험회사에 신고한다. 보험회사는 보험에 기재된 전체적인 조건에 따라 보험을 책임지게 된다.)

(2) 保险业经常使用的另 一种单据是“预约保单”。

보험업무에서 일반적으로 사용되는 또 다른 증서는"포괄예정보험증권"이다.

(3) 承保一定时间内发运的一切货物或某几项货物。

일정 기간 내에 발송되는 모든 화물 혹은 몇 가지 품목의 화물에 대해 책임을 지는 것이다.

(4) 一般国家的保险险别可分为三类：“平安险、水渍险和一切险”

일반 국가들의 보험 등급은"단독해손부 담보보험(F.P.A, Free from Particular Average)" "분손(分損) 담보보험(W.P.A, With Particular Average)" 모든 것을 보험해 주는"전위험

담보보험(All Risks)" 등 세 종류로 나눌 수 있다.

(**보충설명**: 平安险의 원래의 의미는 자연재해나 의외의 사고로 인해 발생되는 화물 전체가 손실이 되었을 경우 커버해주는 보험을 의미한다. 자연재해란 악천후, 천둥이나 번개, 해일, 지진, 홍수 등을 말한다. 후에 선박 등 운송도구가 좌초나 침몰, 충돌, 실화, 폭발 등의 원인으로 인해 부분적인 손실이 발생하였을 시의 손실도 커버해 주는 내용이 첨가되었다.

水渍险란 위에 열거된 平安险의 보험범위 이외에도 화물이 운송 과정 중 자연재해로 인해 발생되는 부분적인 손실도 커버해 주는 보험이다.

一切险란 위에 열거한 보험 범위 이외에도 화물이 운송과정 중 외부적 위험요소에 의해 발생되는 사고, 예를 들면 절도, 누수에 의한 손실, 깨지거나 냄새 등이 배어 화물이 손상되는 경우, 습기나 열을 받아 화물이 못쓰게 되는 경우, 긁혀서 흠집이 나는 경우 등도 보험회사와 피보험자의 약정에 의해 배상할 수 있도록 하는 보험이다.

(5) "投诉处理函"是指回复客户的投诉，并提出处理意见的信函。

불만처리서신은 고객의 불만제기에 대해 답장을 하며 아울러 어떻게 처리할 것인가에 대한 의견을 제시하는 서한이다.

(6) 引述投诉要点。

불만사항의 요점에 대해 인용 서술하다.

## [B] 다음 단어들의 용법을 파악해 봅시다.

(1) "。。。可分为。。。"：___로 나눌 수 있다

(2) "。。。向。。。投保"：__에 보험을 들다

(3) "。。。由。。。按照。。。"：____가 ____에 따라서

(4) "。。。承担。。。的凭证"：____을 보증하는 증빙근거

(5) "。。。相当于。。。"：____에 해당된다

(6) "。。。引述。。。要点"：___의 요점을 인용하여 서술하다

## 【第二节】 학습내용

## [A] 다음 문장들을 해석해 봅시다.

(1) "保险单"：(The Policy) 是指被保险人向保险人投保并交纳保险费后，保险人向被保险人签发的、由保险人按照保险条款，承担被保险人的保险责任的保险凭证。

보험증서는 피보험자가 보험자에게 보험을 들고 아울러 보험금을 납부한 후 보험자가 피보험자에게 발송하고, 보험인이 보험약관에 의거, 피보험자의 보험책임을 부담하는 보험 증빙서류이다.

(2) 保险单也被称为“流动保单”（Floating Policy）：即是指它为大量的货物承保很长一段时间，通常为一年。

보험증서는 또한 선명미상 적하 보험(Floting Policy)이라고도 불린다. 즉 대량의 화물을 위해서 장기간 위험보장을 해 주는데, 통상 1년이다.

(3) 此外，保险业经常使用的另一种单据是：“预约保单”（Open Cover 或 Open Policy）承保一定时间内发运的一切货物或某几项货物。

이 이외에 보험업무에서 통상적으로 사용되는 또 다른 증서는"포괄예정보험증권"(Open Cover, Open Policy)인데, 이는 일정 기간 내에 발송되는 모든 화물 혹은 몇 가지 품목의 화물에 대해 책임을 지는 것이다.

(4) 一般国家的保险险别可分为三类：“平安险、水渍险和一切险”。

일반 국가들의 보험 등급은"단독해손부 담보보험(F.P.A, Free from Particular Average)" "분손(分損) 담보보험(W.P.A, With Particular Average)" "전위험 담보보험(All Risks)" 등 세 종류로 나눌 수 있다.

(5) 中国的保险险别也可分为三类：即 “平安险、水渍险和综合险（相当于一切险)”。

중국의 보험 등급도 세 종류로 나눌 수 있는데, 즉"단독해손부 담보보험(F.P.A, Free from Particular Average)"에 해당되는 평안보험, 분손보험과 (전위험 담보보험에 해당되는) 종합보험 등이다.

## [B] 보험증서 내용과 형식

(1) 标题：应在标题处写明：“xxx保险单”。

제목: 제목 부분에는 "****보험증서"라고 써야 한다.

(2) 保险单号：应写在标题的右下方。

보험 번호: 제목 오른 쪽 아래에 써야 한다.

(3) 正文：

保险单中要列出：保险单的种类、被保险人名称和地址、货物的标记与件数、货物的外包装件数与包装种类、投保货物的名称、总保险金额、保费、费率、货物的装载运输工具、开行日期、起讫地点等。

본문:

보험증서에는 다음과 같은 사항을 열거해야 한다: 보험증서의 종류, 피보험자의 명칭과 주소, 화물의 표시와 개수, 화물의 바깥 포장 개수와 포장종류, 보험에 가입한 화물의 명칭, 보험금액 총액, 보험비, 보험율, 화물의 선적운반도구, 출항날짜, 출발과 도착지점 등이다.

(4) 落款：保险公司签章，并注明年、月、日。

발신인 이름: 보험회사의 사인과 도장이 들어가며, 아울러 년월일을 표기한다.

## [C] "投诉处理函"是指：回复客户的投诉，并提出处理意见的信函。

불만처리서는 고객의 불만에 대해 답장을 하며 아울러 어떻게 처리할 것인가에 대한 의견을 제시하는 서신이다.

## [D] 불만처리서신의 내용과 형식

(1) 标题：应在标题处写明："回复投诉函"。

제목: 제목 부분에"불만 제기에 대한 회신"이라고 써야 한다.

(2) 称谓：应在顶格处写明投诉方的称谓。

호칭: 줄 맨 앞에 불만 제기하는 측의 호칭을 쓴다.

(3) 正文：

a. 引述投诉要点。

b. 表明己方态度。

c. 提出处理意见。

본문

a. 불만제기된 사항의 요점에 대해 인용하여 서술한다.

b. 이 쪽의 입장을 표명한다.

c. 어떻게 처리할 것인가에 대해 의견을 제시한다.

(4) 落款：写明被投诉方的名称，并注明年、月、日。

발신인 이름: 불만을 접수하는 측의 명칭을 쓰며, 아울러 년월일을 표기한다.

## 生词

保险单 bǎoxiǎndān: 보험증서
预约 yùyuē: 예약하다
投诉 tóusù: 불만을 제기하다
投保 tóubǎo: 보험에 들다, 보험설계하다
保险费 bǎoxiǎnfèi: 보험비
签发 qiānfā: 서명하여 발송하다
凭证 píngzhèng: 증빙, 근거
承保 chéngbǎo: 보증을 서다, 담보하다
保险业 bǎoxiǎnyè: 보험업
单据 dānjù: 영수증, 증빙서류
发运 fāyùn: 화물을 운송하다. 실어보내다
险别 xiǎnbié: 보험종류
平安险 píng ān xiǎn (FPA): 손해보험 free particular average 단독해손
水渍险 shuǐzìxiǎn (WPA): 분손보험
一切险 yīqièxiǎn (ARA): 종합보험
全损 quánsǔn: 전체 손해
起讫 qǐqì: 시작과 끝, 출발과 도착
流动 líudòng : 옮겨다니다

## 注释

(1) 可分为。。。: ___로 나눌 수 있다

a. 计算机网络按网络的作用范围及计算机之间连接的距离可分为: "局域网、广域网、城域网" 三种。

PC 통신망은 그 작용범위 및 PC 사이의 연결 거리에 따라 LAN(Local Area Network), WAN(Wide Area Network), MAN(Metropolitan Area Network)등 세 종류로 나눌 수 있다.

b. 这件事情可分为三个步骤来完成。

이 일은 3단계로 나누어 완성할 수 있다.

(2) 。。。向。。。投保: ___에 보험을 가입하다

a. 李先生向人寿保险投保。

이 선생은 생명보험에 보험을 가입하였다.

b. 我公司向太平洋财产保险投保。

우리 회사는 태평양재산보험회사에 보험을 가입하였다.

(3) 。。。由。。。按照。。。: ___가 ___에 따라서

a. 这次活动的方案将由策划公司按照活动方的要求制定。

이번 이벤트 방안은 기획회사가 이벤트 진행측의 요구에 따라서 정할 것이다.

b. 这次任务由第一车间按照已定的计划来完成。

이번 임무는 제1작업장이 이미 정해진 계획에 따라 완수한다.

(4) 。。。承担。。。的凭证 : ___을 보증하는 증빙근거

a. 本公司以"信用证"作为承担以后交付货款的承担凭证。

당사는 신용장으로 이후 물건 대금 지급을 보증하는 증빙근거로 삼습니다.

b. 我们公司以抵押厂房作为承担偿还贷款的凭证 。

우리 회사는 공장건물을 저당잡혀서 대출금 상환을 책임지는 담보로 할 수 있습니다.

(5)。。。相当于。。。: ___에 해당된다

a. 一加仑相当于3.79升。

1갤론은 3.79 리터에 해당된다.

b. 一美金，相当于6.30元人民币。

미화 1달러는 인민폐 6.30원에 해당된다.

(6) 。。。引述。。。要点: ___의 요점을 인용하다

a. 报纸上引述了领导讲话的要点。

신문에서 지도자가 연설한 요점을 인용 보도하였다.

b. 这本书中的某些观点，引述了《论语》的思想要点。

이 책의 몇몇 관점은 논어의 사상적 포인트를 인용하여 서술하였다.

복습

【第三节】

## [A] 다음 문장들을 다시 한 번 복습해 봅시다.

(1) "流动保单"是指它为大量的货物承保很长一段时间，通常为一年。

(2) 保险业经常使用的另一种单据是"预约保单"。

(3) 承保一定时间内发运的一切货物或某几项货物。

(4) 一般国家的保险险别可分为三类："平安险、水渍险和一切险"

(5) "投诉处理函"是指回复客户的投诉，并提出处理意见的信函。

(6) 引述投诉要点.

## [B] 적합한 단어를 넣으시오.

| 投诉 签发 承保 预约 引述 范例 |
|---|

(1) 我们对你的服务态度很不满意，我们要向有关部门进行______。

우리는 너의 서비스 태도에 불만이어서 관련부서에 불만을 제기하려고 한다.

(2) 这次交易由中国太平洋保险公司________。

이번 거래는 중국 태평양 보험회사가 보증한다.

(3) 我方持有国家商检部_______的生产许可证。

우리측은 정부의 제품검사부가 서명하고 발행한 생산허가증을 갖고 있다.

(4) 课后的附录中有一份合同_______。

과문 뒤에 있는 부록에 계약서 예문이 있다.

(5) 这段话______了著名学者的观点。

이 강론은 저명한 학자의 관점을 인용 서술하였다.

(6) 如果需要来访，请您能提前_____。

만약 방문해야 한다면 먼저 예약해 주십시오.

## 【第二讲】 보험증서와 불만처리에 관한 서신의 예문

### 【第一节】 학습요점

### [A] 다음 문장들을 해석해 봅시다.

(1) 所保货物，如遇风险，本公司凭本保险单及其有关证件给予赔偿。

보험에 가입된 화물이 피해를 입게 되면, 당사는 이 보험증서 및 관련 문서에 의거, 배상해 줍니다.

(2) 所保货物，如发生保险单内负责赔偿的损失或事故，应立即通知本公司代理人查勘。

보험에 가입된 화물이 보험증서 범위 내에서 배상을 책임지는 손실 또는 사고를 당하면 즉시 당사의 대리점에 통지해서 현장조사를 해야 합니다.

(3) 被保险人收到本保险单后请即核对，如有错误请立即通知本公司。

피보험인은 본 증서를 받은 후 즉시 대조하시기 바랍니다. 만약 잘못된 부분이 있으면 즉시 당사에 통지해 주시기 바랍니다.

(4) 非常感谢贵方在信中指出了我们工作中的差错。

귀측이 편지에서 우리 업무 중 잘못된 점을 지적해 주셔서 대단히 감사합니다

(5) 由于我方装运货物时的疏漏，致使两个集装箱内的货物数量短缺。

화물적재시 우리측 소홀로 인해 두 개 컨테이너 안의 화물 수량이 부족하게 되었습니다.

(6) 对由此给贵方带来的不便和损失，我方深表歉意。

이에 인해 귀측에 끼친 불편함과 손실에 대해 깊은 사과의 뜻을 표합니다.

### [B] 다음 단어들의 용법을 파악해 봅시다.

(1) "鉴于"：___을 고려하면, ___에 비추어서

(2) "致使"：___한 결과를 낳게 하다

(3) "。。。故。。。"：따라서

(4) "自。。。起"： ___부터

(5) "至。。。止"： ___까지

(6) "如。。。应。。。"：만약 ___하다면, 마땅히 ___해야 한다

## 【第二节】각종 서신 예

예문一

### 海洋货物运输保险单

保险单号______

鉴于______（以下简称被保险人）已向中国人民保险公司（以下简称本公司）投保海洋运输保险及附加______险，并向本公司缴付了约定的保险费，故本公司特签发此保险单，并同意依照本保险公司海洋货物运输保险条款和附加条款的条件，承担被保险人下列财产的保险责任。

<table>
<tr><td rowspan="5">基本险</td><td>承担财产项目</td><td>标记</td><td>包装及数量</td><td>以何种价值投保</td><td>保险金额（元）</td><td>费率（%）</td><td>保险费（元）</td></tr>
<tr><td></td><td></td><td></td><td></td><td></td><td></td><td></td></tr>
<tr><td></td><td></td><td></td><td></td><td></td><td></td><td></td></tr>
<tr><td></td><td></td><td></td><td></td><td></td><td></td><td></td></tr>
<tr><td>特约保险财产</td><td></td><td></td><td></td><td></td><td></td><td></td></tr>
<tr><td colspan="5">总保险金额人民币（大写）</td><td colspan="3">¥</td></tr>
<tr><td rowspan="4">附加费</td><td colspan="7"></td></tr>
<tr><td colspan="7"></td></tr>
<tr><td colspan="7"></td></tr>
<tr><td colspan="7"></td></tr>
<tr><td colspan="5">总保险金额人民币（大写）</td><td colspan="3">¥</td></tr>
<tr><td colspan="2">装载工具</td><td colspan="6"></td></tr>
<tr><td colspan="2">开航日期</td><td colspan="6"></td></tr>
<tr><td colspan="2">赔款偿付地点</td><td colspan="6"></td></tr>
<tr><td colspan="2">出单公司地址</td><td colspan="6"></td></tr>
<tr><td colspan="2">保险责任期限</td><td colspan="6"></td></tr>
<tr><td colspan="2">特别约定</td><td colspan="6">所保货物，如遇风险，本公司凭本保险单及其有关证件给予赔偿。所保货物，如发生保险单内负责赔偿的损失或事故，应立即通知本公司代理人查勘。</td></tr>
<tr><td colspan="4">被保险人地址：<br>电话：<br>行业：<br>占用性质：</td><td colspan="4">中国人民保险公司签章<br><br>年　　月　　日</td></tr>
</table>

注：被保险人收到本保险单后请即核对，如有错误请立即通知本公司。

## 해운화물운송보험증서

보험번호______

OOO (이하 피보험자라고 약칭한다) 는 중국인민보험회사(이하 당사라고 약칭한다)의 해상보험 및 OOO 특약 보험에 가입을 하였고 아울러 약정 보험금을 지불하였음에 당사는 이 보험증서를 발행하며, 아울러 당사의 해운화물 보험약관과 부가조항의 내용에 의거, 피보험인의 다음 재산에 대한 보험책임을 지는 것에 대해 동의한다.

| | 보험항목 | 특기사항 | 포장 및 수량 | 보험대상물의가격 | 보험 가입액 | 보험프리미엄 (%) | 보험비 |
|---|---|---|---|---|---|---|---|
| 기본보험 | | | | | | | |
| | | | | | | | |
| | | | | | | | |
| | 특약보험항목 | | | | | | |

| 보험 총금액 인민폐 (대문자) | ¥ |
|---|---|
| 부가비용 | |
| | |
| | |
| | |
| 보험 총금액 인민폐(대문자) | ¥ |
| 적재도구 | |
| 운행날짜 | |
| 보상금 지불장소 | |
| 보험증서 발행회사 주소 | |
| 보험책임기한 | |
| 특별약정 사항 | 보험에 가입된 화물이 피해를 입게 되면, 당사는 이 보험증서 및 관련 문서에 의거, 배상합니다.<br>보험에 가입된 화물이 보험증서 범위 내에서 배상을 책임지는 손실 또는 사고를 당하면 즉시 당사의 대리점에 통지해서 현장조사를 해야 합니다. |

| 피보험자주소:<br>전화:<br>업종:<br>사용용도 : | 중국인민보험회사 날인<br><br>년 월 일 |
|---|---|

주: 피보험인은 본 증서를 받은 후 즉시 대조하시기 바랍니다. 만약 잘못된 부분이 있으면 즉시 당사에 통지해 주시기 바랍니다.

예문二

## 回复投诉处理函

韩国汉阳株式会社：

xx月xx日来函收悉。非常感谢贵方在信中指出了我们工作中的差错。由于我方装运货物时的疏漏，致使两个集装箱内的货物数量短缺。对由此给贵方带来的不便和损失，我方深表歉意。我方已决定明天將短缺的货物以加快的方式发往贵方，敬请查收。

特此函复。

中国上海鸿业贸易公司

xxxx年xx月xx日

**불만제기 처리에 관한 회신**

한국 한양주식회사,

**월**일자 편지 잘 받아보았습니다. 귀측이 편지에서 우리 업무 중 잘못된 점을 지적해 주셔서 대단히 감사합니다 우리측이 화물을 적재할 때 소홀히 하여 두 개 컨테이너 안의 화물 수량이 부족하게 되었습니다. 이에 인해 귀측에 끼친 불편함과 손실에 대해 깊은 사과의 뜻을 표합니다. 우리는 내일 부족한 화물을 최대한 빠른 방법으로 귀측에 발송하기로 결정하였으니, 살펴 주시기 바랍니다.

이와 같이 답신을 드리는 바입니다.

중국 상해홍업주식회사

****년**월**일

## 生词

鉴于 jiànyú: ____을 고려하면, ___에 비추어서

附加险 fùjiāxiǎn: 특약보험

基本险 jīběnxiǎn: 주보험

缴付 jiǎofù: 납부하다

签发 qiānfā: 서명하여 발행하다

依照 yīzhào: ___에 따라서

运输 yùnshū: 운송하다

项目 xiàngmù: 항목

费率 fèilǜ: 보험율, 보험 프리미엄

装载 zhuāngzài: 물건을 싣다

开航 kāiháng: 항해하다

偿付 chángfù: 상환하다

给予 jǐyǔ: 주다

查勘 chákān: 현장을 조사하다

行业 hángyè: 업종

签章 qiānzhāng: 서명날인

占有 zhànyǒu: 차지하다, 점유하다

核对 héduì: 대조하다

疏漏 shūlòu: 빠트리다

短缺 duǎnquē: 부족하다, 모자라다

## 注释

(1) 鉴于。。。:____을 고려하면, ___에 비추어서

a. 鉴于大家的强烈要求，我们准备就这个问题专门进行讨论。

모두의 강력한 요구를 고려하여, 우리는 이 문제에 대해 전적으로 토론을 하고자 합니다.

b. 鉴于你在面试时的出色表现，我们决定录用你。

인터뷰에서의 뛰어난 성적을 고려해서 우리는 당신을 채용하기로 결정하였습니다.

(2) 。。。致使。。。: ____한 결과를 낳게 하다

a. 这次台风致使本公司遭受到了前所未有的损失。

이 번 태풍으로 당사는 전에 없던 커다란 손실을 입었다.

b. 这场大雪致使交通受阻多时。

이 번 대설로 교통이 오래 동안 막혔다.

(3) 。。。故。。。: 고로, 따라서

a. 因为贵公司违约，故我方决定对贵方提出索赔。

귀사가 계약을 위반하였기 때문에 우리는 귀측에 대해 배상을 제기하기로 결정하였습니다.

b. 因连日大雨，故我方不得不推后发货的时间，望谅解。

연일 계속되는 큰 비로 우리는 물건 발송 시기를 늦출 수밖에 없습니다. 양해 부탁드립니다.

(4) 自。。。起: ___부터

a. 我公司决定自3月起实行每周五天工作日的规定。

우리 회사는 3월부터 주 5일 근무제 규정을 실행하기로 결정하였습니다.

b. 这份合同自6月8日起生效。

이 계약서는 6월 8일부터 효력이 발생합니다.

(5) 至。。。止: ____까지

a. 这次大赛的报名日期截至本月12日止。

이 번 시합의 등록일은 이 달 12일까지다.

b. 这份合同的有效期至今年8月底止。

이 계약의 유효기간은 금년 8월까지다.

(6) 如。。。应。。。: 만약 ____하다면, 마땅히 ___해야 한다

a. 如果发现了错误，就应立即纠正。

만약 잘못이 발견되면 즉시 고쳐야 한다.

b. 如因天气原因不能按时发货，贵方应尽早告诉我方。

만약 날씨 때문에 제 시간에 물건을 발송할 수 없다면 귀측은 최대한 빨리 우리에게 알려야 합니다.

## 복습

### 【第三节】

**[A] 다음 문장들을 다시 한 번 복습해 봅시다.**

(1) 所保货物，如遇风险，本公司凭本保险单及其有关证件给予赔偿。

(2) 所保货物，如发生保险单内负责赔偿的损失或事故，应立即通知本公司代理人查勘。

(3) 被保险人收到本保险单后请即核对，如有错误请立即通知本公司。

(4) 非常感谢贵方在信中指出了我们工作中的差错。

(5) 由于我方装运货物时的疏漏，致使两个集装箱内的货物数量短缺。

(6) 对由此给贵方带来的不便和损失，我方深表歉意。

**[B] 적합한 단어를 넣으시오.**

| 行业　缴付　核对　装载　依照　偿付 |
|---|

(1) 请贵公司仔细______一下保险单上的内容。

귀사는 보험증서상의 내용을 자세히 대조해 주시기 바랍니다.

(2) 如果这次海运的货物发生事故，我方将会______贵方所有的损失。

만약 이번 해운화물에 사고가 발생한다면 우리는 귀측의 모든 손실을 갚아드리겠습니다.

(3) 他是这个______中资深的带头人。

그 사람은 이 업계에서 경력이 오래된 선도자이다.

(4) 截至6月底，贵方应该______这批货物所有的货款。

6월 말까지 귀측은 이 화물의 모든 대금을 납부하셔야 합니다.

(5) 关于______工具的问题，还有待于贵我双方再次商谈。

어떤 교통수단에 적재할 것인가 하는 문제에 관해 귀하와 우리는 다시 상의할 필요가 있습니다.

(6) 合同的双方都应该______合同中的各项条款进行交易。

계약쌍방은 계약서의 각 조항에 의거해서 거래를 해야 한다.

중·고급 강독을 겸한 中韓무역서신

# 索赔函与理赔函

## 第十二周

第十二周

# 索赔函与理赔函

배상요구서와 이에 대한 해결에 관한 서한

**【내용소개】**

이번 주에는 배상요구서와 이에 대한 해결에 관한 서한 작성시 지켜야 할 기본원리, 내용 및 형식에 대해 소개합니다.

【第一讲】 배상요구서와 이에 대한 해결에 관한 서신의 내용과 형식

【第二讲】 배상요구서와 이에 대한 해결에 관한 서신의 예문

## 【第一讲】 배상요구서와 이에 대한 해결에 관한 서신의 내용과 형식

### 【第一节】 학습요점

**[A] 다음 문장들을 해석해 봅시다.**

(1) "索赔函"是指合同争议或者纠纷发生后，受损一方向违约一方提出赔偿要求的信函。

배상청구서는 계약상 분쟁이나 분규가 발생한 후 손해를 입은 어느 한 쪽이 계약을 위반한 측에 손해배상을 요구하는 서한을 가리킨다.

(2) 应先认真研读买卖双方签订的合同中的相关细则，以及双方交易过程中有关的往来函电。

먼저 매매 쌍방이 서명한 계약서 상의 관련 세칙 및 쌍방의 거래 과정 중 오고간 관련 서신 등의 내용을 진지하게 살펴봐야 한다.

(3) 提出的索赔要求应合情合理。

제기된 배상청구는 합리적이고 이치에 맞아야 한다.

(4) 陈述对方违约给自己带来的损失。

상대방의 계약 위반으로 인해 이 쪽이 입게 된 손실에 대해 쓴다.

(5) "理赔函"是指合同争议或纠纷产生后，违约一方受理遭受损失一方的赔偿要求的信函。

배상처리서는 계약상 분쟁이나 분규가 발생한 후 계약을 위반한 측이 손해를 본 측의 배상 요구를 받아 접수 처리하는 서한이다.

(6) 要仔细分析对方的索赔理由是否成立，函中提供的证据是否有效。

상대방의 배상청구 사유가 성립이 되는 지, 서신 중 제기된 증거가 유효한 지 자세하게 분석해야 한다.

## [B] 다음 단어들의 용법을 파악해 봅시다.

(1) "A 是指。。。"：A 란 ___을 가리킨다

(2) "合情合理"：합리적이고 이치에 맞다

(3) "。。。一方向。。。一方。。"：어느 한 쪽이 다른 한 쪽에 대해

(4) "。。。提出。。。要求"：___한 요구를 제시하다

(5) "陈述。。。事实"：___한 사실을 진술하다

(6) "是否"：인지 아닌지

## 【第二节】 학습내용

## [B]

"索赔函"是指：合同争议或者纠纷发生后，受损一方向违约一方提出赔偿要求的信函。

배상청구서는 계약상 분쟁이나 분규가 발생한 후 손해를 입은 어느 한 쪽이 계약을 위반한 측에 손해배상을 요구하는 서신을 가리킨다.

写索赔函前，应先认真研读买卖双方签订的合同中的相关细则，以及双方交易过程中有关的往来函电，以分清是非责任。提出的索赔要求应合情合理，还应根据引起索赔原因和不同的索赔情形，选择相应的措辞和语气。

배상청구서를 쓰기 전에 책임시비를 확실히 가릴 수 있도록 먼저 매매 쌍방이 서명한 계약서상의 관련 세칙 및 쌍방의 거래 과정 중 오고간 관련 서신 등의 내용을 진지하게 살펴봐야 한다. 제기된 배상청구는 합리적이고 이치에 맞아야 하며, 또한 배상청구가 생기게 된 원인과 상황에 따라서 그에 상응하는 어휘와 말투를 선택해야 한다.

## [B] 배상청구서 작성시 써야 할 내용과 형식

(1) 标题：应在标题处写明："索赔函"。

제목: 제목 부분에는 배상청구서라고 쓴다.

(2) 称谓：应在顶格处写明"理赔方的称谓"。

호칭: 줄 맨 앞에 배상을 처리할 상대방의 호칭을 쓴다.

(3) 正文：

a. 简单叙述事由。

b. 陈述违约事实。

c. 说明己方索赔的理由。

d. 陈述对方违约给自己带来的损失。

e. 提出具体的索赔要求。

본문

a. 사유에 대해 간단하게 서술한다.

b. 계약위반 사실에 대해 쓴다.

c. 배상청구를 하는 이 쪽의 사유를 설명한다.

d. 상대방의 계약 위반으로 인해 이쪽이 입게 된 손실에 대해 쓴다.

e. 구체적인 배상 요구 사항을 제기한다.

(4) 落款：写明索赔方的称谓，并注明年、月、日。

발신인 이름: 배상청구자의 명칭을 쓰고, 아울러 년월일을 표기한다.

## [C]

"理赔函"是指：合同争议或纠纷产生后，违约一方受理遭受损失一方的赔偿要求的信函。

배상처리서는 계약상 분쟁이나 분규가 발생한 후 계약을 위반한 측이 손해를 본 측의 배상요구를 접수 처리하는 서신이다.

写理赔函前，应首先认真研读索赔函。要仔细分析对方的索赔理由是否成立，函中提供的证据是否有效，索赔金额是否合理，索赔期限是否逾期。然后据此确定不同的理赔策略。

배상처리에 관한 서신을 작성하기 전에 먼저 배상청구서를 진지하게 읽어야 한다. 상대방의 배상청구 사유가 성립이 되는 지, 서신 중 제기된 증거가 유효한 지, 배상청구 금액이 합리적인지, 배상청구 기한이 지났는 지에 대해 자세하게 분석해야 한다. 그리고 나서 그 상황에 따라 거기에 걸맞는 배상처리 책략을 확정해야 한다.

## [D] 배상처리에 관한 서신 내용과 형식

(1) 标题：应在标题处写明："理赔函"。

제목: 제목 부분에 배상처리에 관한 서신이라고 쓴다.

(2) 称谓：应在顶格处写明"索赔一方的称谓"。

호칭: 줄 맨 앞에 배상청구측의 호칭을 쓴다.

(3) 正文：

a. 引述来函的要点。

b. 表明己方的态度。

c. 提出处理的意见。

본문

a. 편지를 쓰게 된 요점에 대해 쓴다.

b. 이 쪽의 입장을 표명한다.

c. 어떻게 처리할 것인가에 대한 의견을 제시한다.

(4) 落款：写明违约方的名称，并注明年、月、日。

발신인 이름: 계약위반 측의 명칭을 쓰고, 아울러 년월일을 표기한다.

## 生词

索赔 suǒpéi: 배상을 청구하다
理赔 lǐpéi: 배상을 처리하다
争议 zhēngyì: 분쟁, 쟁의
纠纷 jiūfēn: 분규
违约 wéiyuē: 계약위반

赔偿 péicháng: 배상하다
研读 yándú: 잘 읽어보다
细则 xìzé: 세칙
情形 qíngxing: 상황
相应 xiāngyìng: 상응하다
事由 shìyóu: 사유
陈述 chénshù: 진술하다
受理 shòulǐ: 접수하다
遭受 zāoshòu: ___을 입다. 당하다
成立 chénglì: 성립되다
证据 zhèngjù: 증거
金额 jīn é: 금액
处理 chǔlǐ: 처리하다
策略 cèlüè: 책략
措辞 cuòcí: 어휘

## 注释

(1) A 是指。。。: A란 ____을 가리킨다

a. "绍兴三乌"又称为"三乌文化", 它是极富绍兴地方特色的产物, 具体是指"乌干菜,乌毡帽以及乌蓬船"。

"샤오싱 삼오"란 또한 "삼오문화"라고도 하는데, 이는 샤오싱 지역의 지역적 특색이 풍부한 특산물을 가리킨다. 구체적으로 "乌干菜", "乌毡帽" 및 "乌蓬船"을 말한다.

b. 五岳是指中国的: "泰山、衡山、嵩山、华山、恒山"这五座名山。

"오악"이란 중국의 "泰山", "衡山", "嵩山", "ㅁ山", "恒山" 등 5대 명산을 가리킨다.

(2) 合情合理: : 합리적이고 이치에 맞다

a. 学校认为这个方案是合情合理的。

학교에서는 이 방안이 합리적이라고 생각한다.

b. 我公司认为, 您的生产计划合情合理, 具有可行性。

우리 회사에서는 당신의 생산계획이 합리적이어서 실현시킬 수 있는 가능성이 있다고 여긴다.

(3) 。。。一方向。。。一方。。。: 어느 한 쪽이 다른 한 쪽에 대해

a. 在谈判时，一方向另一方提出了不合理的要求。

담판할 때, 한 쪽이 또 다른 측에 비합리적인 요구를 제시하였다.

b. 这次事故后，一方向另一方做出了合理的赔偿。

이번 사고 후 한 쪽이 또 다른 측에 합리적인 배상을 해 주었다.

(4) 。。。提出。。。要求: ___한 요구를 제시하다

a. 校委会提出的决议草案中要求学校新增6个专业。

학교위원회가 제출한 결의 초안 중에는 학교에 새로운 전공 6개를 증설할 것을 요구하는 내용이 들어있다.

b. 他向学校提出了要去支教的要求。

그는 학교에 교육지원을 하겠다는 요청을 하였다.

(5) 陈述。。。事实: ___한 사실을 진술하다

a. 证人在法庭上要陈述自己所见的事实。

증인은 법정에서 자신이 본 사실을 진술해야 한다.

b. 请你先陈述关于这次事故的有关事实。

먼저 이번 사고에 관련된 사실을 진술하십시오.

(6) 是否: 인지 아닌지

a. 明天是否放假还不确定。

내일 쉬는 날인 지 아닌 지 아직 확정이 되지 않았다.

b. 这次纠纷是否能够顺利解决，还要看双方以后的态度。

이번 분규가 순조롭게 해결될 지 여부는 쌍방이 이후 어떠한 입장을 취하는 지를 봐야 한다.

복습

【第三节】

## [A] 다음 문장들을 다시 한 번 복습해 봅시다.

(1) "索赔函"是指合同争议或者纠纷发生后，受损一方向违约一方提出赔偿要求的信函。

(2) 应先认真研读买卖双方签订的合同中的相关细则，以及双方交易过程中有关的往来函电。

(3) 提出的索赔要求应合情合理。

(4) 陈述对方违约给自己带来的损失。

(5) "理赔函"是指合同争议或纠纷产生后，违约一方受理遭受损失一方的赔偿要求的信函。

(6) 要仔细分析对方的索赔理由是否成立，函中提供的证据是否有效。

## [B] 적합한 단어를 넣으시오.

| 理赔　争议　纠纷　研读　细则　策略 |
|---|

(1) 下午我们一起去保险公司去办理有关______的手续。

오후에 우리는 함께 보험회사에 가서 배상처리에 관한 수속을 한다.

(2) 有些事情要提前讲清楚，否则以后容易产生______,造成不必要的麻烦。

어떤 일은 사전에 확실하게 말해야 한다. 그렇지 않으면 이후 분규가 발생하기 쉬어서 불필요한 곤란한 상황이 발생하게 된다.

(3) 下午谈判的时候，双方在货物运输的问题上产生了______。

오후 담판할 때 쌍방은 화물운송 문제에서 쟁의가 발생하였다.

(4) 我们要先仔细______合同的内容，看看有没有什么疏漏。

우리는 먼저 계약의 내용을 자세하게 읽고 빠뜨린 것이 있는 지 살펴봐야 한다.

(5) 要想改变现在的经营状况，我们就要重新制定一个合理的经营______。

현재의 경영상황을 바꾸려면 우리 다시 한번 합리적인 경영책략을 세워야 합니다.

(6) 这份文件里叙述了关于双方交易的______，请您过目。

이 문서에서 쌍방거래에 관한 세칙을 설명해 놨으니, 한 번 훑어 봐 주십시오.

## 【第二讲】 배상청구서와 배상처리 서신 예문

### 【第一节】 학습요점

### [A] 다음 문장들을 해석해 봅시다.

(1) 我公司近日向贵公司订购的一批服装，已于x月x日运到。

당사가 최근 귀사에 주문한 의류가 **월**일 이미 도착하였습니다.

(2) 但根据昨天在目的港卸货开箱检查的结果，我方发现了一些缺损的货物。

하지만 어제 목적지 항구에서 하역하여 포장을 열고 검사한 결과, 일부 파손된 화물을 발견되었습니다.

(3) 这批货物是按照到岸价成交的，因此我们特向贵方提出索赔要求。

이 화물들은 운임과 보험료 포함된 C.I.F 가격으로 거래된 것입니다. 이에 우리는 귀측에 배상청구를 하는 바입니다.

(4) 如若需要其它文件，请来函告知。

만약 기타 다른 문서가 필요하면 편지로 알려주십시오.

(5) 我们对于贵公司所遭受的损失深表歉意。

귀사가 입은 손실에 대해 심심한 사과의 뜻을 표합니다.

(6) 我方经调查、商榷后，决定接受贵方的索赔要求。

우리는 조사와 검토를 거쳐 귀하의 배상청구를 받아들이기로 결정하였습니다.

### [B] 다음 단어들의 용법을 파악해 봅시다.

(1) "向。。。订购" : ___에게 주문하다

(2) "因。。。而致使。。。" : ___로 인해 그 결과 ___하게 되다

(3) "接受。。。要求" : ___의 요구를 받아들이다

(4) "对于。。。深表。。。" : ____에 대해 깊이 ___을 표시하다

(5) "收到。。。后" : ___을 받은 후

(6) "请。。。回复" : 회답해 주십시오

## 【第二节】 각종 서신 예

예문一

### 索赔函范例( 对于不良包装的索赔 )

中国上海鸿业贸易公司:

我公司近日向贵公司订购的一批服装，已于xx月xx号运到。但根据昨天在目的港卸货开箱检查的结果，我方发现了一些缺损的货物：在这批货物中有两个包装箱遗失，六个包装箱因破损而致使货物受到不同程度的损坏。

这批货物是按照到岸价成交的，因此我们特向贵方提出索赔要求。随信一并寄上保险单及韩国仁川市商品检验所检验报告各一份,敬请查收。如若需要其它文件，请来函告知。

特此函达，候复。

韩国汉阳株式会社

xxxx年xx月xx日

**배상청구서의 예(불량포장에 대한 배상청구)**

중국 상해홍업무역회사 귀하,

당사가 최근 귀사에 주문한 의류가 **월**일 이미 도착하였습니다. 하지만 어제 목적지 항구에서 하역하여 포장을 열고 검사한 결과, 다음과 같이 일부 파손된 화물을 발견되었습니다: 도착 화물 중 두 상자가 유실되었으며, 여섯 상자는 파손되어 각각 다른 정도의 손상을 입은 상태입니다.

이 화물들은 운임과 보험료 포함된 C.I.F 가격으로 거래된 것입니다. 이에 우리는 귀측에 배상청구를 하는 바입니다. 편지에 보험증서 및 한국 인천시 상품검역소 검사보고서 각 1부를 첨부하오니 살펴주시기 바랍니다. 만약 기타 다른 문서가 필요하면 편지로 알려주십시오. 답장을 기다리겠습니다.

한국 한양주식회사

****년**월**일

memo

예문二

## 理赔函范例（ 对于不良包装的理赔函 ）

韩国汉阳株式会社：

贵公司xx月xx来函和保险单复印件、商品检验报告单已收悉。我们对于贵公司所遭受的损失深表歉意。

我方经调查、商榷后，决定接受贵方的索赔要求。为此特随函附上第2012-6号金额为68888美元的支票，作为全部和最后了结贵方在索赔函中提出的两项索赔。收到我方的支票后，请及时确认并尽早回复为盼。

特此函复。

中国上海鸿业贸易公司

xxxx年xx月xx日

**배상처리에 관한 서신의 예(불량포장에 대한 배상처리에 관한 서신)**

한국 한양주식회사 귀하,

귀사가 **월 **일 부쳐온 편지와 보험증서 복사본, 상품검사보고서는 이미 잘 읽었습니다. 귀사가 입은 손실에 대해 심심한 사과의 뜻을 표합니다.

우리는 조사와 검토를 거쳐 귀하의 배상청구를 받아들이기로 결정하였습니다. 이를 위해 편지에 금액 미화 68,888 달러의 제 2012-6호 수표를 첨부합니다. 이로써 귀측이 서신에서 제기한 두 가지 항목의 배상청구에 대한 총괄적인 해결책으로 제시하는 바입니다. 수표를 받으면 곧 바로 확인하시고 최대한 빨리 답장을 해 주시기 바랍니다. 이상과 같이 회답을 드리는 바입니다.

중국 상해홍업무역회사

****년**월**일

memo

## 生词

目的港 mùdìgǎng: 목적지 항구

卸货 xièhuò: 화물을 내리다

缺损 quēsǔn: 흠이 생기다

遗失 yíshī: 유실되다

破损 pòsǔn: 파손되다

致使 zhìshǐ: ___하여 ___한 결과가 되다

到岸价 dào àn jià (C.I.F): 운임과 보험료가 포함 된 가격

成交 chéngjiāo: 거래가 이루어지다

检验 jiǎnyàn: 검사하다

敬请 jìngqǐng: ___해 주십시오

复印件 fùyìnjiàn: 복사본

报告单 bàogàodān: 보고서

遗憾 yíhàn: 유감이다

调查 diàochá: 조사하다

了结 liǎojié: 해결하다

尽早 jǐnzǎo: 최대한 빨리

为盼 wéipàn: ___하기를 바랍니다

遭受 zāoshòu: 당하다

深表 shēnbiǎo: 깊이 ___를 표시하다

商榷 shāngquè: 검토하다

## 注释

(1) 向。。。订购: ___에게 주문하다

a. 我方决定向贵方订购2000套儿童系列服装。

우리는 귀측에 아동복 2천 벌을 주문하기로 결정하였습니다.

b. 现在是旅游旺季，你应提前向售票处订购机票。

지금은 여행 성수기이니, 사전에 매표소에서 비행기표를 예매해야 한다.

(2) 因。。。而致使。。。: ___로 인해 그 결과 ___하게 되다

a. 因天气原因而致使货物不能按时抵达目的港。

날씨로 인해 화물이 제 때에 목적지 항구에 도착할 수 없게 되었습니다.

b. 因为对方没有诚意而致使这次恰谈没有结果。

상대방이 성의가 없어서 이번 상담은 결과를 얻을 수 없게 되었습니다.

(3) 接受。。。要求: ___의 요구를 받아들이다

a. 我方已接受了贵方报价单上提出的所有要求。

우리는 이미 귀하가 견적서에서 제시한 모든 요구사항을 받아들였습니다.

b. 学生会已接受了他申请入会的要求。

학생회는 이미 그의 가입요구를 받아들였습니다.

(4) 对于。。。深表。。。: ____에 대해 깊이 ___을 표시하다

a. 对于贵方货物缺损的问题，我们深表歉意。

귀하의 화물 파손 문제에 대해 우리는 깊은 사과의 뜻을 표합니다.

b. 对于你的帮助，我们深表感谢。

당신의 도움에 대해 우리는 심심한 사의를 표합니다.

(5) 收到。。。后: ___을 받은 후

a. 请贵方在收到样品后，随即告知我们。

샘플을 받은 후 즉시 우리에게 알려주십시오.

b. 收到你的礼物后，我非常感动。

당신의 선물을 받고 나는 매우 감동받았습니다.

(6) 请。。。回复: 회답해 주십시오

a. 收到信后，请及时回复。

편지를 받은 후 곧 바로 회답해 주십시오.

b. 贵方收到我方发出的报盘函后，请尽快回复。

우리가 보낸 견적서를 받으면 최대한 신속히 회답해 주십시오.

복습

【第三节】

## [A] 다음 문장들을 다시 한 번 복습해 봅시다.

(1) 我公司近日向贵公司订购的一批服装，已于x月x日运到。

(2) 但根据昨天在目的港卸货开箱检查的结果，我方发现了一些缺损的货物。

(3) 这批货物是按照到岸价成交的，因此我们特向贵方提出索赔要求。

(4) 如若需要其它文件，请来函告知。

(5) 我们对于贵公司所遭受的损失深表歉意。

(6) 我方经调查、商榷后，决定接受贵方的索赔要求。

## [B] 적합한 단어를 넣으시오.

| 成交　缺损　了结　调查　检验　遗憾 |
|---|

(1) 这件事情的真相还得等于我们____以后再告知大家。

이번 일의 진상은 우리가 조사한 후에 다시 여러분들에게 알려 드리겠습니다.

(2) 对于贵方购买的货物在运输途中所受到的损失，我们深表____。

귀하가 구매한 화물이 운송 중 입은 손실에 대해 우리는 깊은 유감을 표합니다.

(3) 请贵方在十日之内报上____货物的详单。

10일 이내에 파손된 화물 명세서를 알려 주십시오.

(4) 我们的这批货物是按到岸价____的。

우리의 이 화물들은 운임과 보험료가 포함된 C.I.F 가격으로 거래된 것이다.

(5) 我这次来到贵公司，就是想尽快____我们之间的贸易纠纷的。

이번에 제가 귀사에 온 것은 최대한 신속히 우리 사이의 무역분규를 해결하고자 해서 입니다.

(6) 经过商检局____的商品，我们才能购买。

우리는 제품검사국의 검사를 거친 상품이어야만 구매할 수 있다.

중·고급 강독을 겸한 中韓무역서신 HALLYM UNIVERSITY

# 贸易合同与合同范例

## 第 十 三 周

第十三周

# 贸易合同与合同范例

## 무역계약서와 예문

**【내용소개】**

이번 주에는 무역계약서 및 예문 작성시 지켜야 할 기본원리, 내용 및 형식에 대해 소개합니다.

【第一讲】 무역계약서의 내용과 형식

【第二讲】 무역계약서의 예문

## 【第一讲】 무역계약서의 내용과 형식

### 【第一节】 학습요점

**[A] 다음 문장들을 해석해 봅시다.**

(1) 当事人之间的合同，必须符合法律规定。

당사자 사이의 계약은 필히 법률 규정에 부합하여야 한다.

(2) 写明签订合同的依据或目的，表明签订合同的态度。

계약 체결의 근거 혹은 목적을 쓰며, 계약 체결에 대한 입장을 표명한다.

(3) 写明标的的种类、范围，标的的技术条件、质量标准、规格、数量。

물건의 종류, 범위, 물건의 기술적 조건, 품질표준, 규격, 수량을 쓴다.

(4) 写明价格条件、支付金额、支付方式及各种附带费用。

가격조건, 지불금액, 지불방식 및 각종 부대비용을 명시하다.

(5) 写明合同履行的期限、地点、方式、违约责任和解决争议的方法。

계약이행의 기한, 지점, 방식, 계약 위반시 책임과 쟁의해결 방법을 명시한다.

(6) 写明合同的份数、使用文字的效力、双方当事人签名、盖章等。

계약서의 매수, 사용문자의 효력, 쌍방 당사자의 서명, 도장 등을 명시한다.

## [B] 다음 단어들의 용법을 파악해 봅시다.

(1) "依据"：____에 의거하다

(2) "表明。。。态度"：____의 입장을 표명하다

(3) "。。。也称。。。"：____라고도 부른다

(4) "符合。。。规范"：____규범에 부합하다

(5) "遵守。。。原则"：____원칙을 준수하다

(6) "写明。。。目的"：____목적을 명시하다

## 【第二节】 학습내용

## [A]

"合同"：也称"契约"。它是两个或两个以上的当事人之间，为实现一定的目的而协商、并已一致同意订立的、明确彼此权利义务的协议。

"合同(계약)"은 또한 "契约"라고도 한다. 두 사람 또는 두 사람 이상의 당사자 사이에 일정한 목적을 실현시키기 위해 협상을 하고 아울러 체결하기로 동의하고 서로의 권리와 의무를 명확히 정하는 협의이다.

当事人之间的合同，必须符合法律规定。合同当事人必须遵守："法律地位平等的原则、自愿原则、公平原则、诚信原则、守法原则"等。

당사자 사이의 계약은 필히 법률 규정에 부합하여야 한다. 계약 당사자들은"법률적 지위 평등의 원칙, 자발적 의사의 원칙, 공평의 원칙, 신용 준수의 원칙, 법 준수의 원칙"등을 반드시 준수해야 한다.

## [B] 계약서의 내용과 형식

(1) 首部：标题。应在标题处写明"xxx合同"。（这部分是合同的名称，是合同性质、内容、种类的具体体现）

앞 부분은 제목을 쓰는데, 이 곳에는 "***계약"이라고 명시한다. (이 부분은 계약서의 명칭이 되며, 계약의 성격, 내용, 종류의 구체적인 표현인 것이다.)

(2) 合同编号：写于标题之下。（写合同编号的目的在于方便查阅）

계약번호: 제목 밑에 쓴다. (계약 일련 번호를 쓰는 목적은 쉽게 찾을 수 있도록 하는 데에 있다.)

(3) 当事人基本情况及合同签订的时间、地点：在标题的下方、正文的上方写明：双方当事人的全称或姓名、住所、国籍、法定地址、双方在合同中的关系（如：买方、卖方）、缔约时间、缔约地址等。

당사자의 기본 상황 및 계약을 서명한 시간, 장소: 제목 아래, 본문 윗부분에 다음과 같은 내용을 쓴다: 당사자 쌍방의 전체 명칭 혹은 성명, 주소, 국적, 법정지위, 계약서 상에서 쌍방이 갖는 관계 (예를 들면 구매자, 판매자 등등), 체결시간, 체결주소 등을 기입한다.

(4) 正文 : 본문

a. 写明签订合同的依据或目的，表明签订合同的态度。

계약 체결의 근거 혹은 목적을 쓰며, 계약 체결에 대한 입장을 표명한다.

b. 写明标的的种类、范围，标的的技术条件、质量标准、规格、数量，价格条件、支付金额、支付方式及各种附带费用，合同履行的期限、地点、方式，违约责任和解决争议的方法及合同双方承担风险、对标的物的保险范围等。

계약 대상물의 종류, 범위, 대상물의 기술적 조건, 품질표준, 규격, 수량, 가격조건, 지불금약, 지불방식 및 각종 부대비용, 계약서 이행 기한, 지점, 방식, 위약책임과 쟁의 해결방법 및 계약쌍방이 짊어져야 할 위험부담, 대상물에 대한 보험범위 등을 쓴다.

(5) 尾部：写明合同的份数、使用文字的效力、双方当事人签名、盖章、单位地址、电话号码、 电子邮件、邮政编码、开户银行名称及帐号、公证等。

끝부분: 계약서의 매수, 사용문자의 효력, 쌍방 당사자의 사인, 도장, 근무처 주소, 전화번호, 이메일, 우편번호, 계좌개설은행의 명칭 및 계좌번호, 공증 등을 명시한다.

(6) 附件：有些合同还带有附件（这部分主要是对合同标的条款或有关条款的说明性材料及相关证明材料）。

첨부: 어떤 계약서에는 부속문건이 있는 경우도 있다. (이들 부속문건은 주로 계약 대상물에 대한 조항 혹은 관련 조항에 대한 설명자료 및 관련 증명자료 등이다.)

## 生词

契约 qìyuē: 계약, 계약서
当事人 dāngshìrén: 당사자
协商 xiéshāng: 협상하다
订立 dìnglì: 체결하다, 맺다
协议 xiéyì: 협의하다
规范 guīfàn: 규범
自愿 zìyuàn: 스스로 원하다, 자발적으로 하다
公平 gōngpíng: 공평하다
诚信 chéngxìn: 신용을 지키다
守法 shǒufǎ: 법을 지키다
编号 biānhào: 일련번호
查阅 cháyuè: 열람하다
缔约 dìyuē: 계약을 체결하다
标的 biāode: 물건, 행동 등의 내용
附带 fùdài: 덧붙이다
履行 lǚxíng: 이행하다
风险 fēngxiǎn: 위험
效力 xiàolì: 효력
邮政编码 yóuzhèngbiānmǎ: 우편번호

## 注释

(1) 依据: ____에 의거하다

a. 如何理赔，要依据货物受损的实际情况来决定。

어떻게 배상을 처리할 것인가는 화물이 입은 손실의 상황에 따라 결정해야 한다.

b. 依据考古学家的鉴定，这件物品被认定为明代的文物。

고고학자의 감정에 의거하여, 이 물품은 명대의 것으로 생각되어진다.

(2) 表明。。。态度: ____의 입장을 표명하다

a. 对于这件事情，你应该表明你的态度。

이 일에 대해 당신은 당신의 입장을 표명해야 한다.

b. 希望贵公司表明对签订这份合同的态度。

귀사께서 이 계약서 서명에 대한 입장을 표명하기 바랍니다.

(3) 。。。也称。。。: ____라고도 부른다

a. “报盘”也称为“报价、发价、发盘、出价”。

오퍼(offer)는 “报价”, “发价”, “发盘”, “出价”라고도 한다.

b. “凤梨”也称为“菠萝”，是一种热带水果。

파인애플은 “菠萝”라고도 부르는데, 일종의 열대과일이다.

(4) 符合。。。规范: ____규범에 부합하다

a. 这份合同完全符合法律规定。

이 계약서는 법률 규정에 완전히 부합된다.

b. 个人行为应该符合社会的道德规范。

개인의 행위는 사회의 도덕규범에 부합해야 한다.

(5) 遵守。。。原则: ____원칙을 준수하다

a. 我们应该遵守和平共处的原则。

우리는 평화공존의 원칙을 준수해야 한다.

b. 合同当事人双方要遵守诚信的原则。

계약 당사자 쌍방은 신용준수의 원칙을 지켜야 한다.

(6) 写明。。。目的: ____목적을 명시하다

a. 在这份报告中，应写明此次外出研修的目的。

이 보고서 중에 이 번 출장 연수 목적을 명시해야 한다.

b. 在合同中，应首先写明签订这份合同的目的。

계약서에 먼저 이 계약에 서명하는 목적을 써야 한다.

복습

【第三节】

## [A] 다음 문장들을 다시 한 번 복습해 봅시다.

(1) 当事人之间的合同，必须符合法律规定。

(2) 写明签订合同的依据或目的，表明签订合同的态度。

(3) 写明标的的种类、范围，标的的技术条件、质量标准、规格、数量。

(4) 写明价格条件、支付金额、支付方式及各种附带费用。

(5) 写明合同履行的期限、地点和方式、违约责任、解决争议的方法。

(6) 写明合同的份数、使用文字的效力、双方当事人签名、盖章等。

## [B] 적합한 단어를 넣으시오.

| 契约　协商　订立　守法　履行　风险 |
|---|

(1) 关于支付方式的问题，还有待于我们双方进一步地____。

지불방식 문제에 관해 우리 쌍방은 진일보적인 협상을 할 필요가 있다.

(2) 你应该____自己的诺言。

당신은 자신의 약속을 이행해야 한다.

(3) 投资之前，应考虑到可能遭遇到的____。

투자하기 전에 발생 가능성이 있는 위험요소를 고려해야 한다.

(4) 每个公民都应该遵纪____。

모든 공민들은 기율을 지키고 법을 준수해야 한다.

(5) ____当事人双方首先要以守法、平等为原则。

계약 당사자 쌍방은 먼저 법준수와 평등을 원칙으로 삼아야 한다.

(6) 双方____合同，应以平等、互利、自愿为原则。

쌍방이 계약을 체결하면 평등, 호혜, 자발적 의사를 원칙으로 삼아야 한다.

## 【第二讲】 계약서 예문

### 【第一节】 학습요점

### [A] 다음 문장들을 해석해 봅시다.

(1) 卖方与买方在平等互利的基础上，经双方协商一致同意履行下列条款，并严格信守。

판매자와 구매자는 호혜평등의 기초 위에 쌍방의 협의를 거쳐 다음에 열거한 조항을 이행하며 아울러 엄격히 준수할 것에 동의한다.

(2) 由卖方按发票金额的110%投保。

판매자가 송장（Invoice）금액의 110%에 해당되는 액수로 보험 가입한다.

(3) 卖方要向银行提供已装船的货物清单、发票、装箱单/重量单。

판매자는 은행에 선적완료한 화물의 명세서, 송장, 포장박스/중량 명세서를 제공해야 한다.

(4) 载运船只由卖方安排，允许分批装运并允许转船。

적재선박은 판매자가 수배하며, 몇 차례의 분할 적재와 다른 선박을 이용한 선적을 허용한다.

(5) 如买方提出要求，卖方应以“挂号函”向买方提供由有关机构出具的“事故证明文件”。

만약 구매자가 요구하면 판매자는 등기우편으로 구매자에게 관련기관이 발급한 사고증명서를 제공해야 한다.

### [B] 다음 단어들의 용법을 파악해 봅시다.

(1) “经。。。同意”：_____의 동의를 거치다

(2) “以。。。方式”：____방식으로

(3) “除。。。外”：___를 제외하고

(4) “向。。。提出”：____에게 ____을 제기하다

(5) “凡”：무릇

(6) “如果。。。那么”：만약 ____한다면, 그렇다면

## 【第二节】 무역계약서의 예문

예문一

### 合同范例 （ 出口合同 ） 계약서 예문(수출계약서)

合同编号(계약서 일련번호)：_____

卖方(판매자)：______
地址(주소)：______
电话(전화)：______
邮政编码(우편번호)：______
电子邮件(이메일주소)：______
法定代表人(법정대표)：______
职务(직무)：______

买方(구매자)：______
地址(주소)：______
电话(전화)：______
邮政编码(우편번호)：______
电子邮件(이메일주소)：______
法定代表人(법정대표)：______
职务(직무)：______

卖方与买方在平等互利的基础上，经双方协商一致同意履行下列条款，并严格信守。

판매자와 구매자는 호혜평등의 기초 위에 쌍방의 협의를 거쳐 다음에 열거한 조항을 이행하며 아울러 성실히 준수할 것에 동의한다.

第一条：购买货物的名称、规格、包装及唛头：______

(구매화물의 명칭, 규격, 포장 및 선적표시Shipping Mark)

第二条：数量、单价、总值：______

(수량, 단가, 총액)

第三条：装运期限：______

(적재기한)

第四条：装运口岸：______

(적재항구)

第五条：目的口岸：______

(목적지 항구)

第六条：保险：由卖方按发票金额的110%投保。

(보험: 판매자가 송장（Invoice）금액의 110%에 해당되는 액수의 보험가입)

第七条：付款条件：

买方应通过买卖双方同意的银行，开立以卖方为受益人的、不可撤销的、可转让可分割的、允许分批装运和转船的信用证。该信用证凭装运单据在中国银行见单即付。该信用证必须在____（天）前开出。信用证有效期为装船后____天在____国到期。

지불조건

구매자는 매매 쌍방이 동의하는 은행을 통해 판매자가 수익자로 되어 있으며, 취소불가능하며, 양도나 분할가능하며, 몇 차례 분할 적재나 다른 선박을 이용해 선적을 허용하는 신용장을 개설한다. 이 신용장은 선적서류에 의거 중국은행에서 일람 즉시 지불한다. 이 신용장은 ___일 전에 개설되어야 한다. 신용장의 유효기간은 선적 후 ___일 ___나라에서 만료된다.

第八条：单据：

卖方要向银行提供已装船的货物清单、发票、装箱单/重量单。

증빙서류

판매자는 은행에 이미 선적한 화물의 명세서, 송장, 포장/중량명세서를 제공해야 한다.

第九条：装运条件：

载运船只由卖方安排，允许分批装运并允许转船。货物装船后，卖方应将合同号码、品名、数量、船只、装船日期以电子邮件的方式通知买方。

선적조건

적재선박은 판매자가 수배하며, 몇 차례 분할 적재와 다른 선박을 이용한 선적을 허용한다. 화물이 선적된 후 판매자는 계약서 번호, 품명, 수량, 선박명, 선적일자를 이메일로 구매자에게 통지해야 한다.

第十条: 品质与数量/重量的异议和索赔:

货物到目的口岸后，买方如发现货物品质/数量/重量与合同规定不符，除属于保险公司或船运公司的责任外，买方可以凭双方同意的检验机构出具的检验证明，向卖方提出异议。品质异议须于货物到目的口岸之日起30天内提出，数量/重量异议须于货物到目的口岸之日起15天内提出。卖方应在收到异议后30天内答复买方。

품질과 수량/중량에 대한 이의와 배상청구

화물이 목적지 항구에 도착한 후 구매자가 만약 화물의 품질/수량/중량이 계약규정과 일치하지 않음을 발견하면, 보험회사 혹은 해운회사의 책임 부분 이외에 대해 구매자는 쌍방이 동의한 검사기관이 발급한 검사증명에 의거해서 판매자에게 이의를 제기할 수 있다. 품질에 대한 이의는 화물이 목적지 항구에 도착한 날부터 30일 이내에 제기해야 하며, 수량과 중량에 대한 이의는 화물이 목적지 항구에 도착한 날로부터 15일 이내에 제기해야 한다. 판매자는 이의를 접수한 후 30일 이내에 구매자에게 답신을 해야 한다.

第十一条: 不可抗力:

由于人力不可抗力事故，使卖方不能在本合同规定期限内交货或不能交货，卖方不负责任。但卖方必须立即通知买方。如买方提出要求，卖方应以“挂号函”向买方提供由有关机构出具的“事故证明文件”。

인력으로는 불가항력의 사고로 인해 판매자가 본 계약서 규정의 기한 내에 물건을 인도하지 못하거나 혹은 아예 물건을 인도할 수 없는 경우, 판매자는 책임을 지지 않는다. 그러나 판매자는 즉시 이를 구매자에게 통지해야 한다. 만약 구매자가 요구하면 판매자는 등기우편으로 구매자에게 관련기관이 발급한 사고증명서를 제공해야 한다.

第十二条: 仲裁:

凡因执行本合同有关事项所发生的一切争执，应由双方通过友好的方式协商解决。如果不能达成协议，那么则应在被告者的国家，根据被告者国家仲裁机构的仲裁程序规则进行仲裁。仲裁决定是终局的，对双方具有同等的约束力。仲裁费用除仲裁机构另有决定外，均由败诉一方承担。

무릇 본 계약서의 관련 사항 집행으로 인하여 발생되는 모든 분쟁은 쌍방이 우호적인 방식으로 협상하여 해결한다. 만약 협의에 도달하지 못하면 피제소측 국가에서 피제소측 국가의 중재기구의 중재절차와 규정에 따라 중재를 진행한다. 중재결정이 최종적인 결론이며, 쌍방에 대해 동등한 구속력을 갖는다. 중재비용은 중재기구의 별도의 결정 부분 이외에는 모두 패소한 측이 부담한다.

(补充条款：本合同正本共2份，采用中、韩文、英文书写，三种文字具有同等效力，签字后正式生效，双方各执一份为凭)

(보충조항: 본 계약서의 원본은 모두 2부이며, 중국어, 한국어, 영어로 작성되며, 이들 세 언어는 모두 동등한 효력을 갖는다. 서명 후 정식으로 효력이 발생하며, 쌍방은 각각 1부씩을 소지하며, 이로서 계약근거로 삼는다.

卖方(판매자) ：______（盖章）(날인)

代表人(대표)：______（签字）(서명)

买方(구매자) ：______（盖章）(날인)

代表人(대표)：______（签字）(서명)

见证人(증인)：______律师（签字）(변호사) (서명)

______年______月______日订立(****년**월**일 체결)

签约地点：______ (체결장소)

## 生词

法定 fǎdìng: 법정의

互利 hùlì: 호혜의

信守 xìnshǒu: 성실히 지키다

总值 zǒngzhí: 총가치

口岸 kǒu àn: 항구

清单 qīngdān: 명세서, 목록

载运 zàiyùn: 실어나르다

异议 yìyì: 반대의견

不可抗力 bùkěkànglì: 불가항력의

执行 zhíxíng: 집행하다

争执 zhēngzhí: 자기 의견을 고집하다

仲裁 zhòngcái: 중재하다

程序 chéngxù: 절차, 프로그램

终局 zhōngjú: 결말, 종국,최종

败诉 bàisù: 패소하다

正本 zhèngběn: 원본

生效 shēngxiào: 효력이 발생하다

为凭 wéipíng: 증거로 삼다

盖章 gàizhāng: 날인하다,도장을 찍다

律师 lǜshī: 변호사

## 注释

(1) ) 经。。。同意: ____의 동의를 거치다

a. 经总经理的同意，这个计划已开始实施了。

사장의 동의를 거쳐 이 계획은 이미 실행하기 시작하였다.

b. 经过学校的同意批准，这十位同学假期将去边远的地区支教。

학교의 동의와 허가를 거쳐 이 10명의 학생들은 방학 중에 변방지역에 가서 교육지원을 할 것이다.

(2) 以。。。方式: ____의 방식으로

a. 请贵公司在货物发出后，立即用电子邮件的方式通知我方。

귀사는 화물을 발송한 후에 즉시 이메일 방식으로 우리에게 통지해 주십시오.

b. 请你以对待朋友的方式对待他们。

당신은 친구 대하는 식으로 우리를 대해 주십시오.

(3) 除。。。外: ____를 제외하고

a. 除了装运公司的责任外，其它的责任均由卖方承担。

운송회사의 책임 이외에 기타 다른 책임은 모두 판매자가 짊어진다.

b. 除了李经理以外，别人都来了。

이 부장을 제외하고 다른 사람들은 모두 왔다.

(4) 向。。。提出。。。: ____에게 ____을 제기하다

a. 因为我方购买的部分货物受到损失，所以在此我方向贵方提出索赔。

우리가 구매한 화물 중 일부분이 손실을 입어서 이에 우리는 귀측에 손해배상을 청구합니다.

b. 你可以向老师提出你的意见。

당신은 선생님에게 당신의 의견을 제시해도 됩니다.

(5) 凡: 무릇

a. 凡属于合同内的条款，双方都应该严格信守。

무릇 계약에 안에 있는 조항이라면 쌍방은 모두 엄격히 지켜야 한다.

b. 凡是别人不愿意做的工作，他都抢着做。

무릇 다른 사람이 하고 싶지 않은 일을 그는 앞다투어 한다.

(6) 如果。。。那么。。。: 만약 ____한다면, 그렇다면

a. 如果今天的谈判顺利，那么明天我们即可以签约。

만약 오늘의 담판이 순조롭다면 내일 우리는 계약에 사인할 수 있다.

b. 如果周末天气不好，那么我们就不能出行了。

만약 주말 날씨가 좋지 않으면 우린 외출할 수 없게 된다.

## 복습

### 【第三节】

### [A] 다음 문장들을 다시 한 번 복습해 봅시다.

(1) 卖方与买方在平等互利的基础上，经双方协商一致同意履行下列条款，并严格信守。

(2) 由卖方按发票金额的110%投保。

(3) 该信用证凭装运单据在中国银行见单即付。

(4) 卖方要向银行提供已装船的货物清单、发票、装箱单/重量单。

(5) 载运船只由卖方安排，允许分批装运并允许转船。

(6) 如买方提出要求，卖方应以“挂号函”向买方提供由有关机构出具的“事故证明文件”。

### [B] 적합한 단어를 넣으시오.

| 法定　信守　异议　争执　仲裁　程序 |
|---|

(1) 合同的当事人双方一定要____合同上的各项条款要求。
계약 당사자 쌍방은 반드시 계약서상의 각 조항에서 요구하는 사항을 지켜야 한다.

(2) 凡因执行此条例而引起的____，都应由纪检部门来处理。
무릇 이 조례를 지키기 위해 발생되는 분쟁은 모두 기율검사부서에서 처리해야 한다.

(3) 只有专业人员才能编排这个复杂的____。
전문가만이 이 복잡한 프로그램을 편성할 수 있다.

(4) 关于这次交易索赔的问题，须等____结果出来后才能解决。
이번 거래의 배상요구 문제에 관해서는 중재 결과가 나온 후에야 비로서 해결할 수 있다.

(5) 这本书的主题引起了许多人的____。
이 책의 주제는 많은 사람들의 이견을 불러일으켰다.

(6) 只有到了____的年龄，才能去参军。
법정 연령이 되어야 군대에 갈 수 있다.

중·고급 강독을 겸한 中韓무역서신

# 적합한 단어 넣기 문제 답안

# 적합한 단어 넣기 문제 답안

## 【第一周】

**【第一讲】** 1）辅佐 2）交易 3）业务 4）通常 5）预期 6）迎合

**【第二讲】** 1）折扣 2）叙述 3）得体 4）称谓 5）系列 6）报价

## 【第二周】

**【第一讲】** 1）生存 2）销售 3）途径 4）意愿 5）获悉 6）支付

**【第二讲】** 1）畅销 2）借此 3）奉告 4）清单 5）驰名 6）聆听

## 【第三周】

**【第一讲】** 1）设法 2）选择 3）说服 4）功用 5）特定 6）激发

**【第二讲】** 1）荣幸 2）种类 3）款式 4）参考 5）精良 6）质地

## 【第四周】

**【第一讲】** 1）精确 2）询价 3）信息 4）索要 5）咨询 6）业绩

**【第二讲】** 1）有意 2）结算 3）系列 4）拟将 5）订单 6）图解

## 【第五周】

**【第一讲】** 1）索取 2）鼎立 3）磋商 4）切勿 5）开启 6）禁用

**【第二讲】** 1）拟定 2）印刷 3）标志 4）状态 5）兴隆 6）手取

## 【第六周】

**【第一讲】** 1）报盘 2）达成 3）期限 4）有效 5）品质 6）承诺

**【第二讲】** 1）型号 2）规格 3）佣金 4）贷款 5）海运 6）近期

## 【第七周】

【第一讲】 1）未能 2）歉意 3）惠知 4）成交 5）告成 6）往往

【第二讲】 1）惯常 2）偏高 3）条款 4）成本 5）致使 6）利润

## 【第八周】

【第一讲】 1）是否 2）精确 3）谈妥 4）事宜 5）清晰 6）慎重

【第二讲】 1）休闲 2）转账 3）指定 4）运抵 5）惠寄 6）扩展

## 【第九周】

【第一讲】 1）商榷 2）手续 3）介入 4）划拨 5）存入 6）履行

【第二讲】 1）列出 2）预计 3）商定 4）到期 5）交付 6）安排

## 【第十周】

【第一讲】 1）商检 2）催款 3）证明 4）拖欠 5）结账 6）逾期

【第二讲】 1）繁忙 2）承付 3）忽略 4）依据 5）机构 6）条文

## 【第十一周】

【第一讲】 1）投诉 2）承保 3）签发 4）范例 5）引述 6）预约

【第二讲】 1）核对 2）偿付 3）行业 4）缴付 5）装载 6）依照

## 【第十二周】

【第一讲】 1）理赔 2）纠纷 3）争议 4）研读 5）策略 6）细则

【第二讲】 1）调查 2）遗憾 3）缺损 4）成交 5）了结 6）检验

## 【第十三周】

【第一讲】 1）协商 2）履行 3）风险 4）守法 5）契约 6）订立

【第二讲】 1）信守 2）争执 3）程序 4）仲裁 5）异议 6）法定

중·고급 강독을 겸한 中韓무역서신

초판 1쇄 인쇄 2013년 12월 20일
초판 1쇄 발행 2013년 12월 27일

**편저자** 張西, 장범성
**발행인** 노건일
**발행처** 한림대학교 출판부
(200-702) 강원도 춘천시 한림대학길 1(옥천동 1)
출판등록 제48호(1983. 3. 10)
전화번호 033) 248-2875~6 팩스 033) 248-2879
전자우편 press@hallym.ac.kr
홈페이지 press.hallym.ac.kr
**인쇄처** 한다디자인



값 18,000원

ISBN 978-89-6402-033-3 93720